# तुलसी

कालजयी कवितामाला - १

साँची कही है

# तुलसी

परिचय, संग्रह, सरलार्थ तथा सम्पादन

प्राणनाथ पंकज

RUPA

**प्रकाशित**
रूपा पब्लिकेशंस इंडिया प्राइवेट लिमिटेड 2001
7/16, अंसारी रोड़, दरियागंज
नई दिल्ली 110002

*सेल्स सेन्टरः*
इलाहाबाद बैंगलुरू चेन्नई
हैदराबाद जयपुर काठमाण्डू
कोलकाता मुम्बई



ISBN: 978-81-716-7532-6

द्वितीय संस्करण 2022

10 9 8 7 6 5 4 3 2

मुद्रकः यश प्रिंटोंग्राफिक्स, नौएडा

स्नेहमयी जननी श्रीमती रामप्यारी

तथा

पूज्य पिता श्री गोपीनाथ जी

की

पुण्य स्मृति में।

लोरियों में भर कर तुलसी का उपहार मेरे बचपन को उन्होंने ही दिया था।

# अनुक्रम


पृष्ठ संख्या

१ प्राक्कथन १
२ तुलसी के नाम पाती ३
३ परिचय ७
४ संग्रह १५

१ रामचरितमानस

बालकांड, दोहा सं. २२७ से २३१ तक १६
अयोध्याकांड, दोहा सं. ३२२ से ३२६ तक २२
किष्किंधाकांड, दोहा सं. १२ से १७ तक २८
उत्तरकांड, दोहा सं. ४२ से ४६ तक ३६

२ विनय पत्रिका

१ गणेश स्तुति, पद सं. १ ४२
२ शिवमहिमा, पद सं. ५ ४२
३ देवीस्तुति, पद सं. १६ ४४
४ गङ्गा स्तुति, पद सं. १९ ४५
५ हनुमत् स्तुति, पद सं. ३० ४५
६ सीता जी से याचना, पद सं. ४१ ४६
७ राम जपु, राम जपु, पद सं. ६६ ४७
८ दीन को दयालु, पद सं. ७८ ४८

८ दीन को दयालु, पद सं. ७८ ४८
९ जाउँ कहाँ तजि, पद सं. १०१ ४९
१० माधव! असि तुम्हारि यह माया, पद सं. ११६ ५०
११ मै केहि कहउँ बिपति अति भारी, पद सं. १२५ ५१
१२ कबहुँ सो कर सरोज, पद सं. १३८ ५२
१३ रघुबर रावरि यहै बड़ाई, पद सं. १६५ ५३
१४ कबहुँक हौं यह रहनि, पद सं. १७२ ५४
१५ रामराय! बिनु रावरो, पद सं. २७७ ५५
१६ मारुति मन, रुचि भरत की, पद सं. २७९ ५६

## ३ गीतावली

### बालकांड

१. आज सुदिन सुभ घरी, पद सं. १ ५७
२. आजु महामंगल कोसलपुर, पद सं. ३ ५९
३. ललित सुतहिं लालति, पद सं. २९ ६१
४. रामपद पदुम पराग तरी, पद सं. ५५ ६२
५. जय माल जानकी जलजकर, पद सं. ९४ ६३

### अयोध्याकांड

६. सोहैं साँवरे पथिक, पद सं. २२ ६५
७. कैसे पितुमातु कैसे, पद सं. २६ ६६
८. चित्रकूट अति बिचित्र, पद सं. ४३ ६७

## अरण्यकांड

९. बैठे हैं रामलखन अरु सीता, पद सं. ३ ६९
१०. राघौ गीध गोद करि लीन्हों, पद सं. १३ ७०

## सुंदरकांड

११. हौं रघुबंसमनि को दूत, पद सं. ६ ७१
१२. सत्य कहौं मेरो सहज सुभाउ, पद सं. ४५ ७२

## लंकाकांड

१३. बैठी सगुन मनावति माता, पद सं. १९ ७३

## उत्तरकांड

१४. साँझ समय रघुबीरपुरी, पद सं. २० ७४

# ४. कवितावली

## बालकांड

१,२. दशरथ के आंगन और तुलसी के मन में,
सवैया ३,४ ७६
३. दुलहिनि दूलह सीताराम, सवैया १७ ७७
४. परशुराम का प्रश्न, सवैया २० ७८
५. विश्वामित्र का उत्तर, घनाक्षरी २१ ७८

**अयोध्याकांड**

६,७,८ केवट का हठ, गंगा का तट,
सवैया ५,६,७ ७९

९ वन के पथ पर सीता जी, सवैया ११ ८१

**अरण्यकांड**

१० पंचवटी में, सवैया १ ८१

**सुंदरकांड**

११ अशोक वाटिका में हनुमान्, कवित्त १ ८२

१२ लंका दहन, कवित्त ४ ८३

**लंकाकांड**

१३ मंदोदरी की सलाह, घनाक्षरी २२ ८४

१४ रावणादि राक्षसों का संहार
और सीता सहित राम, घनाक्षरी ५८ ८५

**उत्तरकांड**

१५–२२ उद्बोधन, सवैया २९, ३३-३७, ४१ ८६

२३ दैन्य, घनाक्षरी ६१ ८९

२४ तुलसी...राम को गुलाम, सवैया १०६ ९०

२५ जाय सो सुभट, छप्पय ११६ ९०

२६ को न क्रोध निरदह्यो, छप्पय ११७ ९१

**५ दोहावली** ९३

**६ आरती** १०४

# प्राक्कथन

कालजयी कवितामाला के प्रकाशन का उद्देश्य हिन्दी काव्य की कुछ महान् रचनाओं तथा उनके रचनाकारों के जीवन में झांकने के लिए एक झरोखा प्रस्तुत करना है। ऐसे किसी प्रयास में स्वाभाविक ही विस्तार तथा आलोचनात्मक दृष्टि न होकर संक्षेप, श्रद्धा, स्नेह तथा रसात्मकता के भाव ही प्रधान होते हैं। इन पुस्तकों को पढ़ कर पाठकों को यदि थोड़ी सी भी यह अनुभूति हो सके कि कैसे काल के प्रवाह में बहती हुई ये रचनाएँ अपने मनोहारी सौन्दर्य और शाश्वत मूल्यों के कारण सदियों से भारत के मन प्राण में बसी रही हैं और क्यों इनके रचनाकार आज भी हम लोगों के व्यक्तिगत, पारिवारिक, समाजिक एवं राष्ट्रीय जीवन के सहचर हैं, तो अपने इस विनम्र प्रयास को हम सार्थक समझेंगे।

इस शृंखला की प्रथम कड़ी में हम भारतीय संस्कृति के प्राणधन और भक्तिकाव्य के शीर्षपुरुष गोस्वामी तुलसीदास जी के जीवन और कृतित्व का संक्षिप्त परिचय प्रस्तुत कर रहे हैं। इस संग्रह में उनकी ग्रन्थावली में से हमने रामचरितमानस, विनयपत्रिका, गीतावली, कवितावली तथा दोहावली के कतिपय अंश चुने हैं। हमें विश्वास है कि हमारा यह चुनाव व्यक्तिगत रुचि पर आधारित होते हुए भी रसज्ञ पाठकों को अवश्य प्रिय लगेगा। वैसे गोस्वामी जी का सम्पूर्ण वाङ्मय ही रसामृतसिन्धु है। प्रस्तुत संग्रह में उपलब्ध रस बिन्दुओं का आस्वादन करके यदि पाठक उस सिन्धु से अमृत पान के लिए प्रेरित हो सकें तो यह नन्हा कलश धन्य हो जाएगा।

इस संग्रह में मानस और विनय-पत्रिका के पाठ और दोहा तथा, पद संख्याएँ गीता प्रेस, गोरखपुर के प्रकाशनों के अनुरूप दिए गए हैं। शेष पाठ तथा क्रमांक नागरी प्रचारिणी सभा, काशी की तुलसी-ग्रन्थावली से लिये गए हैं। दोहावली में कठिन शब्दों के अर्थ पाद टिप्पणी के रूप में दिए गए हैं, अन्य संगृहीत रचनाओं का सरलार्थ दिया गया है; हमें आशा है कि इससे उन पाठकों के लिए तुलसी का यह प्रसाद सुपाच्य हो जाएगा जिन्हें अर्थ समझने में कहीं कहीं कठिनाई का अनुभव होता है।

इस काव्यमाला के प्रकाशन की प्रेरणा श्री राजेन्द्र मेहरा से तथा इसे मूर्त्त रूप रूपा एंड कम्पनी, नई दिल्ली के प्रयास से प्राप्त हुए हैं। हम उनके कृतज्ञ हैं।

— सम्पादक

# तुलसी के नाम पाती

भक्तकविशिरोमणि !

चैत्रशुक्ला रामनवमी बस आ ही रही है। विक्रम संवत् १६३१ में इसी दिन आपने अवधपुरी में मानस का प्रकाशन किया था। इस महाकाव्य की विस्तृत भूमिका के अन्तर्गत आपने कहा था कि आप न तो कवि हैं, न वाक्यशिल्पी, कि कविता के गुणों और दोषों, अक्षरों, अलंकारों, छन्दरचनाओं, भावों और रसों की विविध बारीकियों तथा उनके भेदों से आप अनभिज्ञ हैं। आपने कहा था कि आप का भाग्य छोटा पर अभिलाषा बहुत बड़ी है, कि आप के मन तथा बुद्धि रंक हैं पर आपका मनोरथ राजा है।

पर रामकथा का गायन तो आपके अस्तित्व और अस्मिता की विवशता थी। एक बाँध था संकोच और विनय का जिसमें से हृदय में रुकी इस निर्झरिणी का रस रिस रहा था। अन्तः करण को बोझिल कर रहा था यह बाँध। कविता के पारखी क्या सोचेंगे? विद्वत्समाज क्या कहेगा? भक्तजनों में इस रचना को आदर प्राप्त हो सकेगा क्या? छिद्रान्वेषियों को उपहास का अवसर तो नहीं मिल जायेगा? पूर्ववर्ती कवियों और विद्वानों ने भी तो संस्कृत तथा अन्य भाषाओं में रामकथा कही है, उनके चलते व आदिकवि की बेजोड़ रचना के होते हुए लोकभाषा में की गई इस रचना को कोई पूछेगा भला?

फिर टूटने लगा था वह बाँध। भगवान् शंकर की कृपा से सुमति की एक ऐसी प्रबल हिलोर उठी हृदय में कि उल्लास से भीग गए मन प्राण और आपके अन्तः करण को आनन्द की बाढ़ में सराबोर करता हुआ रामचरितमानस

का प्रवाह बह निकला, दैन्य, विनय, संकोच के बाँध को तोड़ता हुआ। और आपने कहा कि तुलसी कवि हो गया है। ''रामचरितमानस कवि तुलसी''। विश्वास दृढ़ होने लगा कि आपकी कविता मङ्गलमयी होगी क्योंकि इसमें श्री राघुनाथ का यश है, संसारी मनुष्यों का गुणगान नहीं। आपने कहा कि श्री राम के चरित के इस सरोवर में स्नान करके सरस्वती अवश्य आह्लादित होंगी और जिस प्रकार चन्दन के प्रसंग में लकड़ी की हीनता का विचार कोई नहीं करता उसी प्रकार श्री राम के यश के प्रसंग में आप की कविता सभी को प्रिय लगेगी।

पर, हे महाकवि, आपने तो कविता को अपने स्पर्श से कृतकृत्य ही कर दिया। अक्षरों से जो अर्थसमूह बने, उनसे काव्य के सभी रसों और उपरसों की सृष्टि होने लगी। लोकधुनों, सुगम संगीत, यहाँ तक कि शास्त्रीय स्वरों में भी आप के रचे छन्दों को गाने लगा भारत का जन-जन। आपने अपने अन्तः करण के सुख के लिए, अपनी वाणी को पवित्र करने के लिए, जिस मानस की रचना की थी उसमें इस राष्ट्र के साधारण नागरिक से लेकर, पारखी, विद्वान्, निर्धन, धनवान्, मर्मज्ञ, जिज्ञासु, सभी अपने लिए मूल्यों की, आदर्शों की खोज करने लगे। और मानस के इस तट पर आने वाले किसी अभ्यागत को, भले ही वह दर्शन करने, स्पर्श करने, स्नान करने अथवा रसपान करने, किसी भी मंतव्य से क्यों न आया हो, कभी निराश नहीं होना पड़ा। रामभक्तों के लिए तो आपकी मानस के छंद वैदिक मंत्रों से भी अधिक पूज्य हो गए।

रामकथा तो मानस का आधार है ही, परन्तु आपने, कविवर, इस के माध्यम से जिन मूल्यों, जिन आदर्शों को स्थापित करना चाहा, उनका महत्व भी किसी प्रकार कम नहीं है। द्वैत, त्रैत और केवलाद्वैत के सिद्धान्तों का सुगमता

से निरूपण करके आपने जिस मधुरता के साथ समन्वय के दर्शन को प्रतिपादित किया उससे न केवल शास्त्रीय शुष्कता को कविता की सरसता प्राप्त हुई अपितु उसे खण्डन की कटुता के स्थान पर स्वीकारात्मक परिभाषाएँ भी मिलीं। आपने शैवों और वैष्णवों के बीच विरोध की खाई को पाटने के लिए शिव और राम के बीच ''सेवक, स्वामी और सखा'' के पारस्परिक संबंध को स्थापित ही नहीं किया अपितु निर्णयात्मक रूप में घोषणा की कि शंकर का द्रोही राम का सेवक अथवा राम का द्रोही शंकर का सेवक होने का दावा किसी भी प्रकार से नहीं कर सकता।

भक्तशिरोमणि! एक बात आपने बच्चों के माता-पिता से बहुत पैने ढंग से कही थी। बच्चों को अपने पास बुलाइए, बैठाइए, शिक्षा दीजिए पर उन्हें केवल पेट भरने का ही धर्म मत सिखाइए। आपने शिक्षकों और शिष्यों से कहा था अंधों और बहरों का सा आचरण मत करिए, शिष्य के धन का नहीं, उसके शोक, उसकी समस्याओं के हरण का उपाय कीजिए। प्रचारकों धर्मध्वजियों तथा ईश्वर के नाम का व्यापार करने वालों को भी तो आपने कम प्रताड़ित नहीं किया था। युग की पारिवारिक समस्याओं का अपरोक्ष उल्लेख यदि आप ने नहीं किया तो भी मर्यादापुरुषोत्तम राम को केन्द्र में रख कर पारिवारिक आदर्शों को प्रतिष्ठित करने का प्रयास तो आपने बराबर किया ही।

मैं बहुत छोटा था तब, शायद पाँच या छः वर्ष का, जब मेरे माता-पिता ने मेरे हाथ में मानस की एक प्रति दी थी। भोर में, जब आकाश पर अभी तारे रहते थे, मैं स्नान करके मानस का पाठ करता था। साँझ हुए, मुझे अपने पास बैठा कर मेरे पिता, मानस की एक-एक पंक्ति का अर्थ समझाने का प्रयास करते थे। तब शायद सब समझ नहीं पाया था। समझ क्या अब भी पाया हूँ सब? पर, कविवर, आपकी मानस मेरे साथ तब से अब तक बराबर रही है।

प्रसन्नता के क्षणों में, उदासी की घड़ियों में, विवाह के अवसर पर, विषाद की छाया में, प्रायः अनजाने ही, मानस की कोई चौपाई, कोई छंद, कोई श्लोक, कोई दोहा या कोई एक प्रसंग, मेरे होंठों पर आता रहा है। आज भी आ जाता है। मैं नहीं जानता कि ऐसे क्षणों के लिए मुझे किस का ऋणी अधिक होना चाहिए - मानसकार का या उनका जिन्होंने मुझे मानस के संस्कार दिए? पर हाँ, प्रायः मधुसूदन सरस्वती का एक पद मुझे याद आता है।

"आनन्दकानने ह्यस्मिंजगमस्तुलसी तरुः।
कविता मंजरी भाति रामभ्रमरभूषिता ॥

"इस आनन्दवन में तुलसी का एक चलता फिरता पौधा है। उसकी कवितारूपी मंजरी अत्यन्त सुन्दर है जिस पर रामरूपी भ्रमर सदा मंडराता रहता है।"

मानस की एक और वर्षगांठ पर आपके लिए एक और प्रणामांजलि

**प्रणत,**
**प्राण पंकज**

(दैनिक ट्रिब्यून, चंडीगढ़ १७-४-१९९४ के अंक में प्रकाशित)

# परिचय

यावत्स्थास्यन्ति गिरयः सरितश्च महीतले।
तावद्रामायणकथा लोकेषु प्रचरिष्यति[1]।।

"इस पृथ्वी पर जब तक पर्वत और नदियाँ विद्यमान हैं तब तक रामायण कथा का प्रचार संसार में होता रहेगा ।"

यह आशीर्वाद ब्रह्मा जी ने दिया तो था आदिकवि वाल्मीकि को, पर इसकी निष्पत्ति हुई तुलसी में। भक्तमाल के रचयिता नाभा जी और उन्हीं की तरह इस देश के असंख्य नर नारियों का यह विश्वास है कि रामायण रूपी जहाज़ लेकर कलियुग में वाल्मीकि ही तुलसी के रूप में अवतरित हुए ताकि लोग जन्म-मरण के समुद्र से पार हो सकें। तुलसी से पहले और उनके बाद भी, संस्कृत से लेकर भारत और विश्व की अनेक भाषाओं में रामकथा कही गई है, भविष्य में भी कही जाती रहेगी; पर यह गौरव तो तुलसी की तूलिका को ही प्राप्त है कि परात्पर परब्रह्म एवं मर्यादापुरुषोत्तम राम के जीवन और आदर्शों को भक्तिमती कविता के रसमय रंगों में ढाल कर, उससे उन्होंने ऐसा भव्य चित्र उकेर कर हमें दिया कि वह रामचरितमानस के पृष्ठों से उठकर पूरे भारतीय समाज के अन्तः करण में ऐसे जा विराजा कि जिस राम को संसार आज जानता और अपनी आस्थाओं का अर्घ्य समर्पित करता है, वह तुलसी का राम ही है। तुलसी न केवल रामभक्ति काव्य के शलाका पुरुष बन कर

---

[1] वाल्मीकि रामायण (बाल कांड, २.३६)

हमारे बीच प्रतिष्ठित हैं, अपितु वे हमारी सर्वश्रेष्ठ सांस्कृतिक, सामाजिक, धार्मिक एवं आध्यात्मिक मान्यताओं के विलक्षण गायक भी हैं । यह एक निर्विवाद सत्य है कि भगवद्गीता के अतिरिक्त यदि किसी अन्य ग्रन्थ ने भारतीय मानसिकता को सब से अधिक प्रभावित किया है तो वह तुलसी की रामचरितमानस ही है। एक अर्थ में तो मानस का प्रभाव गीता से भी अधिक है क्योंकि मानस लोकभाषा में लिखी गई है–'भाषाबद्धमिदं'–और जब यह कहा जाता है कि राजा के महल से मज़दूर की झोंपड़ी तक तथा विज्ञ पंडित से अनपढ़ मज़दूर तक के बीच मानस को समान आदर प्राप्त है तो इस में कहीं कोई अतिशयोक्ति नहीं है। काव्य प्रतिभा के मामले में और पांडित्य के स्तर पर तुलसी यद्यपि संसार के सर्वश्रेष्ठ कवियों, कालिदास, भवभूति, मिल्टन, वर्जिल, दान्ते और होमर इत्यादि से कहीं कम नहीं ठहरते पर उनकी असाधारण लोकप्रियता का कारण मात्र यही नहीं है। वे असाधारण इसलिए हैं कि अद्‌भुत कवि और विदग्ध पंडित होने से कहीं अधिक वे अनन्य राम भक्त हैं। राम के प्रति समर्पण, राम के शरणागत होने का भाव ही उनकी कविता का स्थायी भाव, चिरन्तन रस, है।

अद्‌भुत पांडित्य, विलक्षण कवित्व, अनन्य भक्ति के साथ इन सब को अनुप्राणित करता उनका करुणा विगलित दैन्य है और है निरीह अकिंचनता जो कहती है, "राम सा खरा और बड़ा  कोई नहीं है, न ही मुझसा खोटा और छोटा ही कोई और".....''मैं कवि नहीं हूँ, न चतुर; मेरे वक्तव्य में कोई प्रवीणता नहीं है, न मेरे पास कोई कला है न विद्या।'' फिर भी तुलसी का  हृदय राम कथा कहने को मचलता है; इसलिए "रघुपति के चरित्र अपार होते हुए भी मैं उनके वर्णन का साहस कर रहा हूँ".....''जैसे विशाल नदियों पर जब कोई राजा पुल बंधवा देते हैं तो उस पर चढ़ कर चींटी भी अनायास पार हो जाती

है।''.....''मेरी रचना की गति नदी की चाल की तरह टेढ़ी-मेढ़ी ही सही पर जैसे गंगा संसार को पवित्र करती है और शिव के शरीर से स्पर्श के कारण श्मशान की राख़ भी मंगलमयी विभूति बन जाती है, वैसे ही मेरी रचना भी विश्व का मंगल करने तथा कलियुग के दोषों को दूर करने वाली होगी.....''

और चार सदियों से भी अधिक के अंतराल में कितनी ही पीढ़ियों ने बार-बार कवि की इस भविष्यवाणी को सत्य होते देखा है – गंगा की धारा की तरह निरन्तर बहते हुए, प्राणियों के अन्तस्तल को पवित्र करते हुए!

राम के इस अनन्य उपासक, महाकवि तुलसी के जन्म, जीवन और मृत्यु की अधिकतर घटनाएँ और तिथियाँ अनुमानों पर ही आधारित हैं। परम्परागत मान्यता के अनुसार उनका जन्म विक्रम संवत् १५५४ (१४९७ ई०) में हुआ था पर आधुनिक विद्वान् उनकी जन्मतिथि संवत १५८० (१५२३ ई०) में मानते हैं। ऐसी मान्यता है कि उनका अवसान सं० १६८० (१६२३ ई०) में हुआ था। उनके बाल्यकाल के बारे में भी अधिक जानकारी नहीं है। 'विनय पत्रिका' के एक पद में उन्होंने कहा है कि उनका नाम 'रामबोला' रखा गया था। बचपन से ही अनाथ इस बालक का पालन पोषण बाबा नरहरिदास ने किया था और वे ही इनके गुरु भी थे – 'वंदउँ गुरु पद कंज, कृपासिंधु नररूप हरि'। तुलसीदास नाम भी संभवतः उन्होंने ही इन्हें दिया था।

छोटी अवस्था में ही शूकर क्षेत्र (सोरों) में इन्होंनें गुरुमुख से पहली बार राम कथा सुनी–''मैं पुनि निज गुरु सन सुनी, कथा सो सूकर खेत''। स्वामी नरहरिदास इन्हें अयोध्या ले गए और वहीं इनकी शिक्षा दीक्षा हुई।

तुलसी का विवाह रत्नावली से हुआ था। अपनी पत्नी को वे बहुत चाहते थे। एक बार जब वे मायके गईं तो तुलसी रह नहीं सके और उनके पीछे-पीछे

जा पहुँचे। पत्नी के प्रति इस आसक्ति ने तुलसी के जीवन को एक क्रांतिकारी मोड़ दिया, ऐसा कि आसक्ति भक्ति बन गई और तुलसी भक्तकविशिरोमणि। रत्नावली ने कहा था कि मेरे हाड़ मांस के शरीर से तुम्हें जितनी प्रीति है, उतनी यदि श्री राम में होती तो तुम्हें भव-बंधन का भय नहीं रहता।

तुलसी तलाश में निकले – राम की तलाश मेंः यह तलाश मूलतः एक अन्तर्यात्रा थी और इस अन्तर्यात्रा के साथ-साथ वे वाराणसी, चित्रकूट और प्रयाग भी घूमे। लौट कर अयोध्या में ही आ टिके। यहीं विक्रम संवत् १६३१ (१५७४ ई०) में, मंगलवार,चैत्र शुक्ला राम नवमी के दिन रामचरितमानस की रचना प्रारंभ हुई। दो वर्ष, सात महीने, छब्बीस दिन में यह महाकाव्य पूरा हुआ। तुलसी शायद वृंदावन भी गए। जीवन के अंतिम दिन उन्होंने काशी में बिताए और वहीं उनका महाप्रयाण भी हुआ।

रामचरितमानस तो उनकी विश्वविख्यात कृति है ही, पर तुलसी अपने अन्य ग्रन्थों, विशेषकर विनयपत्रिका, कवितावली, गीतावली और दोहावली के कारण भी उतने ही प्रसिद्ध हैं। इनके अतिरिक्त उनकी अन्य रचनाएँ हैंः रामाज्ञा प्रश्न, रामलला नहछू, जानकी मंगल, पार्वतीमंगल, कृष्णगीतावली, बरवै रामायण और वैराग्य संदीपनी। दो एक रचनाओं के अतिरिक्त जिनमें ब्रजभाषा या अवधी मिश्रित ब्रज का प्रयोग है, तुलसी का सारा सहित्य अवधी में है, जिसमें संस्कृत के शब्दों का प्रचुरता से प्रयोग किया गया है। कहीं-कहीं उनकी कविता में फारसी, तुर्की और अरबी के अलावा ठेठ देहाती शब्द भी दिखाई देते हैं। पार्वतीमंगल में शिवपार्वती के विवाह तथा कृष्णगीतावली में श्रीकृष्ण चरित्र का वर्णन है। शेष सभी रचनाएँ रामकथा, रामचरित, रामगुण और रामभक्ति में ही रची बसी हुई हैं। यद्यपि इनमें कई स्थानों पर केशव, माधव,

श्याम, हरि, गोविंद इत्यादि श्रीकृष्ण या विष्णु के नामों का प्रयोग हुआ है, पर इन को जब सन्दर्भ सहित देखा जाए तो वे राम के स्थानापन्न नामों के रूप में ही अधिकतर दिखाई देते हैं। इस से स्पष्ट है कि तुलसी राम, कृष्ण और विष्णु में अभेदभावना रखते थे, पर राम के प्रति उनकी भक्ति अनन्य थी और उनके उपास्य राम ही थे।

विनय पत्रिका, विद्वानों के मतानुसार, गोस्वामी जी की अंतिम रचना है। इसके पदों में श्रीराम के प्रति कवि की ऐकांतिक आस्था की अभिव्यक्ति है। विभिन्न देवी-देवताओं की भी स्तुति इसमें हैं पर उनसे भी कवि की याचना यही है कि उन्हें वे राम के चरणों की भक्ति दें। करुणा, दैन्य तथा आत्मनिवेदन के भाव इस कृति में अत्यन्त मर्मस्पर्शी रूप में अभिव्यक्त हुए हैं।

भारत के काव्यगगन पर तुलसी का आविर्भाव एक ऐसे युग में हुआ जब एक ओर वैष्णव और शैव अपनी श्रेष्ठता के दावे करते हुए आपस में झगड़ रहे थे तो दूसरी ओर आचार्य शंकर द्वारा मंडित अद्वैतवाद परवर्ती, अनजान हाथों में पड़ कर स्वेच्छाचार का बहाना बन गया था। साथ ही साथ, 'दंभिन्ह निज मति कल्पि करि, प्रगट किए बहु पंथ'....कितने ही पंथ चल निकले थे। दो संस्कृतियों के बनावटी मिलन के प्रयत्नों के कारण वातावरण में एक उमस, एक घुटन सी थी। ऐसे में तुलसी ने राम और शिव को एक दूसरे का 'सेवक, स्वामी और सखा' कहा; अद्वैत वेदान्त को स्वीकार करके भी भक्ति पथ को ही प्रधानता दी; वेदों द्वारा प्रतिपादित सत्कर्मों को मान्यता दी पर साथ ही दंभ और पाखंड भरे जीवन पर प्रहार किया; वर्ण धर्म को माना पर खोखले ब्राह्मणत्व के अहंकार की खुल कर भर्त्सना की। वनवासियों, गिरिवासियों, आदिवासियों, जनजातियों और समाज के उपेक्षित वर्गों को सम्मान दिया। निषाद राज गुह, हनुमान्, सुग्रीव को श्रीराम भरत और लक्ष्मण सा भाई कह कर गले लगाते हैं; जटायु का अंतिम संस्कार पिता मानकर करते

हैं, शबरी के बेर खा कर उसे अपना स्नेह देते हैं। कृतज्ञता के भावों से भरे मर्यादापुरुषोत्तम उन सब से सहायता प्राप्त करके कीर्ति और सुयश में उन्हें अपने समकक्ष ला बिठाते हैं। लोकमर्यादा का पालन करते हुए जहाँ जानकी को अग्नि परीक्षा से गुजरने का आदेश देते हैं, वहीं बार-बार उनके प्रति तत्व प्रेम का ज़िक्र करते हुए भावविह्वल हो उठते हैं और आजीवन एक पत्नीव्रत का पालन करते हैं। वैसे यदि तुलसी के राम परब्रह्म हैं तो सीता जी जगदम्बा आद्याशक्ति हैं जिन्हें नर लीला करने के लिए श्री राम ने अग्निवास करने को कहा था। इस आदेश के अनुरूप अपने मायामय रूप को श्री राम के पास छोड़ कर वे अग्नि में रहने चली गई थीं। उनके मायामय विग्रह का हरण ही रावण ने किया था। अग्नि परीक्षा के बहाने लंका विजय के बाद श्रीराम ने श्रीसीता जी के वास्तविक स्वरूप को अग्निदेव से वापिस ग्रहण किया था।

वैसे इन सब मानवीय चरित्रों का वर्णन करते हुए यों भी तुलसी स्थान-स्थान पर स्मरण कराते रहते हैं कि जिस मर्यादामहामानव, लोकरंजक राम का यशगान वे कर रहे हैं, वह 'शुद्ध ब्रह्म परात्पर राम' ही है।

इस प्रकार तुलसी हमारी संस्कृति की आध्यात्मिक आस्थाओं, धार्मिक विश्वासों और सामाजिक मूल्यों के प्राणप्रतिष्ठापक बन कर सामने आते हैं। उनके ये सभी आदर्श और निष्ठाएँ, राम के अतिरिक्त उनके अन्य चरित्रों के माध्यम से भी निखर कर सामने आती हैं।

अपने जिस अन्तःकरण के सुख के लिए तुलसी ने नाना पुराणों, वेदों, आगमों, रामायण-काव्यों तथा अन्य कई स्रोतों को आधार बना कर रामचरित और रामगुण का गान किया, वह अन्तःकरण, अन्ततः उनका निजी अन्तःकरण न रह कर विराट् मानवता के अन्तःकरण के रूप में प्रतिष्ठित हुआ जिस के

भीतर सारी मनुष्यजाति की मंगल भावना रूपी सरिता रामचरित बन कर प्रवाहित होती है। यही तुलसी के काव्य के कालजयी होने का रहस्य है।

**—प्राणनाथ पंकज**

करुणायतन
१०६४/१, सेक्टर ३९ बी
चंडीगढ़
चैत्रशुक्ला प्रतिपदा सं० २०५८ वि०
२६ मार्च २००१ ई०

साँची कही है

तुलसी

# काव्य संग्रह

# १. रामचरितमानस

## बालकांड; पुष्पवाटिका में श्रीराम और सीताजी
## (दोहा सं. २२७ से २३१)

दोहा—बागु तड़ागु बिलोकि प्रभु, हरषे बन्धु समेत।
परम रम्य आराम यह, जो रामहि सुख देत।।

उस बाग और उसके बीचों बीच बने सरोवर को देख कर प्रभु श्रीराम अपने भाई लक्ष्मण सहित बहुत प्रसन्न हुए। यह वाटिका अत्यंत रमणीय और श्रीराम को सुख देने वाली थी।

चौपाई— चहुँ दिसि चितइ पूँछि माली गन। लगे लेन दल फूल मुदितमन।।
तेहि अवसर सीता तहँ आई। गिरिजा पूजन जननि पठाई।।

चारों दिशाओं में देखकर और मालियों की अनुमति लेकर वे प्रसन्न मन से पत्र और पुष्प लेने लगे। उसी समय सीता जी वहाँ आईं जिन्हें गौरी पूजा के लिए उनकी माँ ने भेजा था।

संग सखीं सब सुभग सयानीं। गावहिं गीत मनोहर बानीं।।
सर समीप गिरिजा गृह सोहा। बरनि न जाइ देखि मन मोहा।।

उनके साथ उनकी सुन्दर और समझदार सखियाँ थीं जो मधुर स्वर में गीत गा रहीं थीं। पार्वती जी का मन्दिर सरोवर के समीप ही था। उसकी सुन्दरता का वर्णन नहीं किया जा सकता, उसे देखते ही मन मुग्ध हो जाता था।

मज्जनु करि सर सखिन्ह समेता। गई मुदित मन गौरि निकेता।।
पूजा कीन्हि अधिक अनुरागा। निज अनुरूप सुभग बरु मागा।।

सहेलियों सहित सरोवर में स्नान करके सीता जी प्रसन्न मन से गौरी मंदिर में गईं, अत्यन्त प्रेम से वहाँ पूजा की और अपने योग्य पति माँगा।

एक सखी सिय संग बिहाई। गई रही देखन फुलवाई।।
तेहि दोउ बंधु बिलोके जाई। प्रेम बिबस सीता पहिं आई।।

एक सखी ने, जो सीता जी का साथ छोड़ कर फुलवाड़ी देखने चली गई थी, वहाँ जा कर दोनों भाइयों को देखा और वह प्रेमविह्वल हो कर सीता जी के पास आई।

दोहा– तासु दसा देखी सखिन्ह, पुलक गात जल नैन।
कहु कारन निज हरष कर, पूछहिं सब मृदु बैन।।

सखियों ने उस की दशा को देखा। उसका शरीर रोमांचित था तथा उसके नेत्र प्रेमाश्रुओं से भरे थे। उन सब ने मीठी वाणी से उससे पूछा, "अपनी प्रसन्नता का कारण बताओ"।

चौपाई– देखन बाग कुअँर दुइ आए। बय किसोर सब भाँति सुहाए।।
स्याम गौर किमि कहौं बखानी। गिरा अनयन नयन बिनु बानी।।

(सखी ने उत्तर दिया–) दो राजकुमार बाग देखने आए हैं, वे किशोरावस्था के और सब प्रकार से सुन्दर हैं। उनमें से एक साँवले रंग का और दूसरा गोरा है। मैं भला उनके रूप का वर्णन करूँ तो कैसे? जिस वाणी से बोला जाता है उसके पास आँख नहीं है और जिस आँख से देखा जाता है उसके पास ज़बान नहीं है।

सुनि हरषीं सब सखीं सयानीं। सिय हिय अति उतकंठा जानी॥
एक कहइ नृप सुत तेइ आली। सुने जे मुनि सँग आए काली॥

यह सुनकर सब समझदार सखियाँ प्रसन्न हुईं। उनमें से एक सखी ने सीताजी के हृदय की अत्यधिक उत्सुकता को भाँपते हुए कहा, ''हे सखी! ये राजकुमार वही हैं जिनके विषय में सुना है कि वे ऋषि विश्वामित्र के साथ कल ही आए हैं और–

जिन्ह निज रूप मोहिनी डारी। कीन्हें स्वबस नगर नर नारी॥
बरनत छबि जहँ तहँ सब लोगू। अवसि देखिअहिं देखन जोगू॥

जिन्होंने अपने सौन्दर्य का सम्मोहन डालकर नगर के सभी स्त्री- पुरुषों को अपने वश में कर लिया है। यत्र तत्र सभी लोग उनकी सुन्दरता का वर्णन कर रहे हैं। वे सचमुच देखने योग्य हैं, उन्हें अवश्य देखना चाहिए।

चौपाई– तासु बचन अति सियहि सोहाने। दरस लागि लोचन अकुलाने॥
चली अग्र करि प्रिय सखि सोई। प्रीति पुरातन लखइ न कोई॥

सीता जी को उसके वचन बहुत प्रिय लगे। उनके नेत्र श्री राम का दर्शन करने के लिए व्याकुल हो उठे। वे अपनी उस प्रिय सखी को आगे कर के चल पड़ीं। श्री राम के प्रति उनकी पुरानी प्रीति को कोई जान नहीं पा रहा।

दोहा–सुमिरि सीय नारद बचन, उपजी प्रीति पुनीत।
चकित बिलोकति सकल दिसि, जनु सिसु मृगी सभीत॥

सीता जी को देवर्षि नारद के वचनों का स्मरण हो आया और उनके हृदय में पवित्र प्रेम उत्पन्न हो गया। वे भयभीत मृगछौनी की तरह सब दिशाओं में आश्चर्यचकित सी देखने लगीं।

चौपाइ— कंकन किंकिनि नूपुर धुनि सुनि। कहत लखन सन राम हृदय गुनि।।
मानहु मदन दुंदुभी दीन्ही। मनसा बिस्व विजय कहँ कीन्ही।।

(उधर) श्री राम ने कंगनों, करधनी और पायजेबों की ध्वनि सुनकर, मन में सोच विचार कर लक्ष्मण से कहा कि ऐसा लगता है मानो कामदेव ने विश्व कों जीतने की इच्छा से दुंदुभी बजा दी हो ।

अस कहि फिरि चितए तेहि ओरा। सिय मुख ससि भए नयन चकोरा।।
भए बिलोचन चारु अचंचल। मनहुँ सकुचि निमि तजे दिगंचल।।

ऐसा कह कर उन्होंने घूम कर उस ओर देखा और सीता जी के चांद जैसे मुखमंडल को श्री राम के नेत्र चकोर की तरह देखते रह गए। उनके सुन्दर नयन स्थिर हो गए मानो निमि ने संकोच वश पलकों को छोड़ दिया हो। (निमि, महाराज जनक के पूर्वज हैं तथा पलकों में निवास करते हैं। इसी से पलकें हिलती रहती हैं। सीता जी के पूर्वज होने के नाते जब उन्होंने श्री राम को एकटक होकर सीता जी की ओर देखते पाया तो संकोच वश उन्होंने श्री राम की पलकों को छोड़ दिया जिससे वे स्थिर हो गईं।)

देखि सीय सोभा सुख पावा। हृदय सराहत बचन न आवा।
जनु बिरंचि सब निज निपुनाई। बिरचि बिस्व कहँ प्रगटि देखाई।।

श्री राम ने सीता जी की शोभा को देख कर सुख प्राप्त किया। मन ही मन वे उन की सराहना करते रहे पर उनके मुँह पर कोई शब्द नहीं आया। मानो ब्रह्मा जी ने अपनी सारी चतुराई को साकार रूप में रच कर विश्व के सामने प्रकट कर दिया हो।

सुन्दरता कहुँ सुंदर करई। छवि गृहँ दीप सिखा जनु बरई।।
सब उपमा कवि रहे जुठारी। केहि पटतरौं बिदेह कुमारी।।

जानकी जी सुन्दरता को सुन्दर कर रही थीं। ऐसा लगता था मानो सुन्दरता रूपी घर में दीपशिखा जल रही हो और उसे दीप्त कर रही हो। सभी उपमाओं का प्रयोग कर के कवि उन्हें जूठा कर चुके हैं, मैं भला वैदेही की तुलना किस के साथ करूँ?

दोहा— सिय सोभा हिय बरनि प्रभु, आपनि दसा बिचारि।
बोले सुचि मन अनुज सन, बचन समय अनुहारि।।

मन ही मन सीता जी की शोभा का बखान करके और अपनी मनः स्थिति का विचार करके श्री राम पवित्र हृदय के साथ छोटे भाई लक्ष्मण से अवसर के अनुकूल यह वचन बोलेः—

चौपाई— तात जनकतनया यह सोई। धनुषजग्य जेहि कारन होई।।
पूजन गौरि सखी लै आई। करति प्रकासु फिर फुलवाई।।

हे तात! ये वही जनकनन्दिनी हैं जिनके कारण धनुष यज्ञ हो रहा है। ये गौरी पूजा के लिए सखियों को साथ ले कर आई हैं और प्रकाश फैलाती हुई फुलवारी में घूम रही हैं।

जासु बिलोकि अलौकिक सोभा। सहज पुनीत मोर मन छोभा।।
सो सबु कारन जान बिधाता। फरकहिं सुभद अंग सुनु भ्राता।।

जिनकी अलौकिक सुंदरता को देख कर स्वभाव से ही पवित्र मेरा मन चंचल हो रहा है। इस सब का कारण तो विधाता ही जानें। हे भाई! सुनो, मेरे शुभ सूचक अंग फड़क रहे हैं।

रघुबंसिन्ह कर सहज सुभाऊ। मन कुपंथ पगु धरइ न काऊ।।
मोहि अतिसय प्रतीति मन केरी। जेहिं सपनेहुँ पर नारि न हेरि।।

रघुवंशियों का यह सहज स्वभाव है कि उनका मन कभी कुमार्ग की ओर नहीं जाता। मुझे अपने मन पर, जिसने स्वप्न में भी परस्त्री की ओर नहीं देखा, दृढ़ विश्वास है ।

जिन्ह कै लहहिं न रिपु रन पीठी। नहिं पावहिं परतिय मन दीठी।।
मंगन लहहिं न जिन्ह कै नाहीं। ते नर बर थोरे जग माहीं।।

युद्ध में शत्रु जिनकी पीठ नहीं देख पाते, जो परस्त्री को मन की आँख से नहीं देखते और मांगने वाले जिनसे कभी 'न' नहीं सुनते, ऐसे पुरुषश्रेष्ठ संसार में थोड़े ही होते हैं।

दोहा– करत बतकही अनुज सन, मन सिय रूप लोभान।
मुख सरोज मकरंद छवि, करइ मधुप इव पान।।

इस प्रकार छोटे भाई के साथ बात करते-करते श्री राम का मन सीता जी की ओर आकृष्ट हो रहा था तथा वे उनके मुख-कमल के रस का भ्रमर की तरह पान कर रहे थे ।

# प्रजासहित भरत के चित्रकूट से लौटने के बाद (दोहा सं. ३२२ से ३२६ तक)

दोहा– रामदरस लगि लोग सब, करत नेम उपबास।
तजि तजि भूषन भोग सुख, जिअत अवधि की आस।।

सभी लोग श्री राम के वन से लौटने पर उनके दर्शन के लिए नियम और उपवास करते हुए, भूषणों, भोगों और सुखों को त्याग कर अवधि की समाप्ति की आशा पर जी रहे हैं।

चौपाई– सचिव सुसेवक भरत प्रबोधे। निज निज काज पाइ सिख ओधे।।
पुनि सिख दीन्हि बोलि लघु भाई। सौंपी सकल मातु सेवकाई।।

भरत जी ने अपने मंत्रियों और श्रेष्ठ सेवकों को भलीभाँति समझा दिया और वे अपने कर्तव्य की जानकारी पा कर सजग हो गए। फिर छोटे भाई शत्रुघ्न को बुला कर उन्हें शिक्षा दी और सब माताओं की सेवा उन्हें सौंप दी।

भूसुर बोलि भरत कर जोरे। करि प्रनाम बय विनय निहोरे।।
ऊँच नीच कारज भल पोचू। आयसु देब न करब सँकोचू।।

फिर भरत जी ने ब्राह्मणों को बुलाकर उन्हें हाथ जोड़ कर प्रणाम किया और उनकी आयु के अनुसार विनय अनुनय की कि आप लोग किसी भी प्रकार के ऊँचे-नीचे, अच्छे-बुरे काम को करने की आज्ञा देने में संकोच न करें।

परिजन पुरजन प्रजा बोलाए। समाधान करि सुबस बसाए।।
सानुज गे गुर गेहँ बहोरी। करि दंडवत कहत कर जोरी।।

परिवार और नगर के लोगों एवं प्रजाजनों को बुला कर उन्हें संतुष्ट किया और सुखपूर्वक बसाया। फिर वे छोटे भाई के साथ गुरु वशिष्ठ के घर गए। उन्हें दंडवत् करके हाथ जोड़ कर कहाः–

आयसु होइ त रहौं सनेमा। बोले मुनि तन पुलक सपेमा।।
समुझब कहब करब तुम जोई। धरम सारु जग होइहि सोई।।

यदि आप आज्ञा दें तो मैं नियमपूर्वक रहूँ। मुनि वशिष्ठ पुलकित शरीर के साथ प्रेमपूर्वक बोलेः– हे भरत! तुम जो समझोगे, कहोगे और करोगे वही इस संसार में धर्म का सार बन जाएगा।

दोहा– सुनि सिख पाइ असीस बड़ि, गनक बोलि दिनु साधि।
सिंघासन प्रभु पादुका, बैठारे निरुपाधि।।

भरत जी ने गुरु की शिक्षा सुनी और उनका बहुत बहुत आशीर्वाद प्राप्त करके ज्योतिषियों को बुलवाया, मुहूर्त्त निकलवाया और निर्विघ्नता पूर्वक श्री राम की पादुकाओं को सिंहासन पर प्रतिष्ठित किया।

चौपाइ– राममातु गुर पद सिरु नाई। प्रभु पद पीठि रजायसु पाई।।
नंदिगाँव करि परन कुटीरा। कीन्ह निवास धरमधुर धीरा।।

राम जी की माता कौशल्या जी और गुरु के चरणों में प्रणाम करके, प्रभु की चरणपादुकाओं से राजाज्ञा ग्रहण करके धर्म के भार को धैर्य के साथ वहन करने वाले भरत जी ने नन्दिग्राम में कुटी बनाई और रहने लगे।

जटाजूट सिर मुनि पट धारी। महि खनि कुस साँथरी सँवारी।।
असन बसन बासन ब्रत नेमा। करत कठिन रिषि धरम सप्रेमा।।

सिर पर जटाजूट और शरीर पर मुनियों के (वल्कल) वस्त्र धारण किए। भूमि को खोद कर (भूगर्भ में) कुशा का बिस्तर लगाया। भोजन, वस्त्र, निवास, व्रत, नियम इन सब का उपयोग भरत जी ऋषियों के कठोर धर्म के अनुसार करने लगे।

भूषन बसन भोग सुख भूरी। मन तन बचन तजे तृन तूरी।।
अवध राज सुरराज सिहाई। दसरथ धनु सुनि धनदु लजाई।।

समस्त वस्त्राभूषणों, भोगों और विपुल सुख को भरत जी ने मन, शरीर और वाणी से तिनके की तरह त्याग दिया। अयोध्या के राज्य की कामना देवराज इंद्र भी करते हैं। दशरथ की सम्पत्ति के विषय में सुन कर कुबेर को भी लज्जा आती है।

तेहि पुर बसत भरत बिनु रागा। चंचरीक जिमि चंपक बागा।।
रमा बिलासु राम अनुरागी। तजत बमन जिमि जन बड़भागी।।

उसी नगर में भरत जी बिना आसक्ति के ऐसे रहते हैं जैसे चम्पा के वन में भंवरा। राम के अनुरागी, परम भाग्यशाली भक्त, लक्ष्मी के विलास को वमन की तरह त्याग देते हैं।

दोहा— राम पेम भाजन भरत, बड़े न एहि करतूति।
चातक हंस सराहिअत, टेक बिबेक बिभूति।।

पर इन सब भोगादिकों का त्याग करने में भरत जी का कोई बड़प्पन नहीं है। स्वाति नक्षत्र में बरसे वर्षा जल के अतिरिक्त और कोई जल न पीने के अपने दृढ़संकल्प और दूध तथा पानी को अलग अलग करने के अपने विवेक के कारण तो क्रमशः चातक और हंस (पक्षियों) की भी सराहना की जाती है।

चौपाई— देह दिनहु दिन दूबरि होई। घटइ तेज बलु मुख छवि सोई।।
नित नव राम प्रेम पनु पीना। बढ़त धरम दलु मनु न मलीना।।

भरत जी का शरीर दिन प्रति दिन दुबला होता जाता है। अन्न जल का त्याग कर देने के कारण ऊर्जा और बल कम हो रहा है परन्तु उनके मुखमंडल की शोभा वैसी ही है। श्री राम के प्रति प्रेम प्रतिदिन नया और अधिकाधिक पुष्ट होता जाता है। उनके अन्तः करण में धर्म की सेना का बल इस प्रकार बढ़ता जाता है और मन में तनिक सी भी मलिनता नहीं आती–

जिमि जल निघटत सरदप्रकासे। बिलसत बेतस बनज विकासे।।
सम दम संजम नियम उपासा। नखत भरत हिय बिमल अकासा।।

–जैसे शरद ऋतु बढ़ने के साथ जल घटता, बेंत शोभा पाते और कमल खिलते हैं। भरत के हृदय रूपी निर्मल शारदीय आकाश में शम, दम, संयम, नियम और उपवास नक्षत्रों की तरह शोभायमान हैं ।

ध्रुव बिस्वास अवधि राका सी। स्वामि सुरति सुरबीथि बिकासी।।
राम पेम बिधु अचल अदोषा। सहित सामज सोह नित चोखा।।

भरत जी का विश्वास अटल ध्रुव तारे जैसा है। वनवास की अवधि रात्रि के समान है। स्वामी (श्रीराम) की स्मृति आकाश गंगा की तरह विकसित है। श्रीराम के प्रति स्नेह कभी न घटने बढ़ने वाला अचल और निष्कलंक चन्द्रमा है जो सदैव अपने (ऊपर वर्णित) समाज के साथ सुशोभित रहता है।

भरत रहनि समुझनि करतूती। भगति बिरति गुन बिमल बिभूति।।
बरनत सकल सुकवि सकुचाहीं। सेस गनेस गिरा गम नाहीं।।

भरत जी के रहन सहन, चिन्तन और आचरण, उनकी भक्ति, वैराग्य और निर्मल गुणों की सम्पत्ति का वर्णन करने में अच्छे-अच्छे कवि भी संकोच करते हैं, शेष, गणेश और सरस्वती की भी पहुँच उन तक नहीं है।

दोहा— नित पूजत प्रभु पाँवरी, प्रीति न हृदय समाति।
माँगि माँगि आयसु करत, राज काज बहु भाँति।।

भरत जी प्रतिदिन प्रभु की पादुकाओं का पूजन करते हैं। हृदय में प्रेम समाता नहीं है। आज्ञा माँग-माँग कर विभिन्न प्रकार के राजकार्यों को करते हैं।

चौपाई— पुलक गात हियँ सिय रघुबीरू। जीह नाम जपु लोचन नीरू।।
लखन राम सिय कानन बसहीं। भरत भवन बसि तप तनु कसहीं।।

शरीर रोमांचित है। हृदय में श्री सीता राम जी हैं। जिह्वा पर उनके नाम का जप है तथा नेत्रों में प्रेमाश्रु हैं। लक्ष्मण, राम और सीता तो वन में बसते हैं पर भरत घर में ही रहते हुए अपने शरीर को तप से कस रहे हैं।

दोउ दिसि देखि कहत सब लोगू। सब बिधि भरत सराहन जोगू।।
सुनि ब्रत नेम साधु सकुचाहीं। देखि दसा मुनिराज लजाहीं।।

दोनों ओर देख कर सभी लोग कहते हैं कि सब प्रकार से भरत ही सराहना के योग्य हैं। उनके व्रत और नियम के संबंध में सुनकर साधुओं को भी संकोच तथा उनकी स्थिति को देखकर मुनीश्वरों को भी लाज आती है।

परम पुनीत भरत आचरनू। मधुर मंजु मुद मंगल करनू।।
हरन कठिन कलि कलुष कलेसू। महामोह निसि दलन दिनेसू।।

भरत जी का आचरण अत्यन्त पवित्र, मधुर, सुन्दर, प्रसन्नता और मंगल का दायक है। यह कलियुग के कठोर दोषों और क्लेशों का हरण करने वाला और महामोह की रात्रि को नष्ट करने के लिए सूर्य जैसा है।

पाप पुंज कुंजर मृगराजू। समन सकल संताप समाजू।।
जन रंजन भंजन भवभारू। राम सनेह सुधाकर सारू।।

यह पापों के समूह रूपी हाथियों के लिए सिंह जैसा है। सब प्रकार के संतापों के समूहों को नष्ट करने वाला है। भक्तों को प्रसन्न करने वाला है। पृथ्वी के भार को मिटाने वाला तथा श्री राम के स्नेह रूपी चन्द्रमा का सार, अमृत है।

छंद– सियराम प्रेम पियूष पूरन, होत जनम न भरत को।
मुनि मन अगम जम नियम सम दम, बिषम ब्रत आचरत को॥
दुख दाह दारिद दंभ दूषन, सुजस मिस अपहरत को।
कलिकाल तुलसी से सठन्हि, हठि राम सनमुख करत को॥

यदि श्रीसीतारामजी के प्रेमामृत से पूर्ण भरत जी का जन्म नहीं हुआ होता, तो ऐसे यम, नियम, शम, दम तथा कठोर व्रतों का, जो मुनियों की सोच से भी परे हैं, पालन कौन करता? दुःखों के दाह, दरिद्रता और दंभ दत्यादि दोषों को अपने उत्तम यश के द्वारा दूर कौन करता? और इस कलियुग में तुलसी दास जैसे शठों को हठपूर्वक राम के सम्मुख कौन करता?

सोरठा– भरत चरित करि नेम, तुलसी जे सादर सुनहिं।
सीय राम पद प्रेम, अवसि होइ भव रस बिरति॥

तुलसीदास जी कहते हैं कि जो लोग नियम पूर्वक और आदर सहित भरत जी के चरित्र को सुनेंने उन्हें अवश्य ही सीताराम जी के चरणों का प्रेम और सांसारिक पदार्थों के रस से विरक्ति प्राप्त होगी।

# किष्किंधा कांड

## वर्षा और शरद् ऋतुओं का वर्णन
## (दोहा सं० १२ से १७ तक)

दोहा– प्रथमहिं देवन्ह गिरि गुहा, राखेउ रुचिर बनाइ।
राम कृपानिधि कछु दिन, बास करहिंगे आइ॥

यह जानते हुए कि कृपासिंधु श्री राम कुछ दिन के लिए वहाँ आ कर वास करेंगे, देवताओं ने पहले से ही उस पर्वत पर सुंदर गुफ़ाएँ बना रक्खी थीं।

चौपाई– सुंदर बन कुसुमित अति सोभा। गुंजत मधुप निकर मधुलोभा॥
कंद मूल फल पत्र सुहाए। भए बहुत जब ते प्रभु आए॥

वहाँ का वन अत्यंत सुंदर, पुष्पों से भरा हुआ तथा शोभासम्पन्न था। मधु के लोभ से बहुत से भ्रमर वहाँ गुंजन कर रहे थे। कंद, मूल, फल और पत्र जो पहले से ही वहाँ सुशोभित थे, प्रभु के आ जाने के पश्चात् और भी अधिक मात्रा में प्राप्त होने लगे।

देखि मनोहर सैल अनूपा। रहे तहँ अनुज सहित सुर भूपा॥
मधुकर खग मृग तनु धरि देवा। करहिं सिद्ध मुनि प्रभु कै सेवा॥

उस हृदयहारी तथा अनुपम पर्वत को देखकर, देवताओं के स्वामी श्री राम अपने छोटे भाई लक्ष्मण के साथ वहीं रहने लगे। देवता, सिद्ध और मुनि भंवरों, पक्षियों और मृगों का शरीर धारण करके प्रभु की सेवा करने लगे।

मंगलरूप भयउ बन तब ते। कीन्ह निवास रमापति जबते।
फटिक सिला अति सुभ्र सुहाई। सुख आसीन तहाँ द्वौ भाई।।

जब से लक्ष्मीपति श्री रघुनाथ जी ने उस वन में निवास किया, तभी से वह मंगल का साक्षात् स्वरूप बन गया। एक अत्यंत सफ़ेद, स्फटिक की शिला पर दोनों भाई–श्रीराम और लक्ष्मण–सुखासन लगा कर बैठे थे।

कहत अनुज सन कथा अनेका। भगति बिरति नृप नीति बिबेका।।
बरषा काल मेघ नभ छाए। गरजत लागत परम सुहाए।।

श्रीराम अपने छोटे भाई को भक्ति, वैराग्य, राजनीति और विवेक युक्त अनेक कथाएँ सुना रहे थे। तभी वर्षा ऋतु के बादल आकाश पर छा गए, जो गरजते हुए बहुत सुन्दर लग रहे थे।

दोहा– लछिमन देखु मोरगन, नाचत बारिद पेखि।
गृही बिरति रत हरष जस, बिष्नु भगत कहँ देखि।।

श्री राम ने कहा– लक्ष्मण! देखो, बादलों को देख कर मोरों के समूह ऐसे नाच रहे हैं जैसे विष्णुभक्त को देख कर वैराग्यवान् गृहस्थों का मन उल्लास से नाचने लगता है।

चौपाई– घन घमंड नभ गरजत घोरा। प्रिया हीन डरपत मन मोरा।।
दामिनि दमक रह न घन माहीं। खल कै प्रीति जथा थिर नाहीं।।

आकाश में बादल घमंड के साथ जब घोर गर्जना करते हैं तब अपनी प्रियतमा (सीता) के बिना मेरा मन डरता है। बिजली बादलों में चमक कर एकदम ऐसे लुप्त हो जाती है जैसे दुष्ट की मित्रता कभी स्थिर नहीं रहती।

बरषहिं जलद भूमि निअराएँ। जथा नवहिं बुध बिद्या पाएँ।।
बूँद अघात सहहिं गिरि कैसें। खल के बचन संत सह जैसे।।

जल से भरे बादल भूमि के निकट आ कर बरसते हैं, जैसे बुद्धिमान् पुरुष विद्या पाकर विनम्र हो जाते हैं। बूँदों की चोटों को पर्वत ऐसे सहन करते हैं जैसे दुष्टों के वचनों को संत सह लेते हैं।

छुद्र नदीं भरि चलीं तोराई। जस थोरेहुँ धन खल इतराई।।
भूमि परत भा ढाबर पानी। जनु जीवहि माया लपटानी।।

छोटी छोटी नदियाँ भर कर किनारों को तोड़ती हुई ऐसे बहती हैं जैसे दुष्ट व्यक्ति थोड़ा सा धन पाकर ही मर्यादा से बाहर होने लगता है। पृथ्वी पर गिरते ही जल कीचड़ हो जाता है जैसे जन्म लेते ही जीव से माया लिपट जाती है।

समिटि समिटि जल भरहिं तलावा। जिमि सदगुन सज्जन पहिं आवा।।
सरिता जल जलनिधि महुँ जाई। होइ अचल जिमि जिव हरि पाई।।

तालाबों में इकठ्ठा हो हो कर जल ऐसे भर जाता है जैसे सज्जन में सद्गुण स्वयं चले आते हैं । नदियों का जल समुद्र की ओर ऐसे जाता है जैसे जीव ईश्वर को प्राप्त करके स्थिर–जन्म मरण से रहित–हो जाता है।

दोहा– हरित भूमि तृन संकुल, समुझि परइ नहि पंथ।
जिमि पाखंडबाद तें, गुप्त होहिं सदग्रंथ।।

श्यामल धरती पर घास इतना भर गया है कि रास्ता ही समझ में नहीं आता, जैसे पाखंडवाद से सद्ग्रन्थों का मार्ग छिप जाता है

चौपाई– दादुर धुनि चहुँ दिसा सुहाई। बेद पढ़हिं जनु बटु समुदाई।।
नव पल्लव भए बिटप अनेका। साधक मन जस मिलें बिबेका।।

मेंढ़कों की ध्वनि चारों दिशाओं में ऐसे गूंज रही है मानो विद्यार्थियों के समूह वेदपाठ कर रहे हों। वृक्षों पर अनेक नए पत्ते उग आए हैं जैसे ज्ञान प्राप्त होने पर साधक का मन तत्त्वार्थ के नए अनुभव प्राप्त कर लेता है।

अर्क जवास पात बिनु पात बिनु भयऊ। जस सुराज खल उद्यम गयऊ।।
खोजत कतहुँ मिलइ नहिं धूरी। करइ क्रोध जिमि धरमहि दूरी।।

आक और जवास के पौधों पर पत्ते नहीं रहे, जैसे अच्छे शासन में दुष्टों के प्रयास निष्फल हो जाते हैं। ढूंढने पर भी मिट्टी कहीं दिखाई नहीं देती जैसे क्रोध आने पर धर्म दूर हो जाता है।

ससि संपन्न सोह महि कैसी। उपकारी कै संपति जैसी।।
निसि तम घन खद्योत बिराजा। जनु दंभिन्ह कर जुरा समाजा।।

धान से संपन्न पृथ्वी ऐसे शोभा पा रही है मानो किसी परोपकारी व्यक्ति की संपत्ति हो। रात के गहरे अंधेरे में जुगनू चमकते हैं तो लगता है कि दंभियों का समुदाय इकठ्ठा हो गया हो।

महावृष्टि चलि फूटि किआरी। जिमि सुतंत्र भएँ बिगरहिं नारी।।
कृषी निरावहिं चतुर किसाना। जिमि बुध तजहिं मोह मदमाना।।

तेज़ वर्षा होने से क्यारियाँ फूट चलती हैं जैसे स्वेच्छाचार से स्त्री बिगड़ जाती है। चतुर किसान खेती से घास फूस अलग कर देते हैं जैसे बुद्धिमान् लोग मोह, मद और अहंकार त्याग देते हैं।

देखिअत चक्रवाक खग नाहीं। कलिहि पाइ जिमि धर्म पराहीं।।
ऊषर बरसहिं तृन नहिं जामा। जिमि हरिजन हिय उपज न कामा।।

चकवा पक्षी कहीं दिखाई नहीं देता, जैसे कलियुग को पाकर धर्म दूर चले जाते हैं। बंजर धरती पर वर्षा के बावजूद घास नहीं उगती, जैसे प्रभु भक्त के हृदय में प्रलोभनों के बावजूद काम पैदा नहीं होता ।

बिबिध जंतु संकुल महि भ्राजा। प्रजा बाढ़ जिमि पाइ सुराजा।।
जहँ तहँ रहे पथिक थकि नाना। जिमि इंद्रिय गन उपजे ग्याना।।

पृथ्वी कई प्रकार के जंतुओं से भर कर ऐसे शोभा पा रही है जैसे अच्छा राज्य प्राप्त होने पर प्रजा में वृद्धि हो जाती है। कई यात्री थक कर जहाँ तहाँ विश्राम कर रहे हैं जैसे ज्ञान प्राप्त हो जाने पर इंद्रियाँ विषयों से उपराम हो जाती हैं।

दोहा– कबहुँ प्रबल बह मारुत, जहँ तहँ मेघ बिलाहिं।
जिमि कपूत के उपजें, कुल सद्धर्म नसाहिं।।क।।

कभी कभी वायु बड़े वेग से बहता है जिससे बादल इधर उधर छँट जाते हैं, जैसे कुपूत के पैदा होने से कुल के अच्छे धर्म नष्ट हो जाते हैं ।

कबहुँ दिवस महुँ निबिड़ तम, कबहुँक प्रगट पतंग।
बिनसइ उपजइ ग्यान जिमि, पाइ कुसंग सुसंग।।ख।।

कभी तो दिन में गहरा अंधेरा हो जाता है और कभी सूर्य प्रकट हो जाता है, जैसे कुसंग पाकर ज्ञान का विनाश और सत्संग पाकर ज्ञान की उत्पत्ति होती है।

चौपाई– बरषा बिगत सरद रितु आई। लछिमन देखहु परम सुहाई।।
फूलें कास सकल महि छाई। जनु बरषा कृत प्रगट बुढ़ाई।।

वर्षा बीतने पर शरद् ऋतु आ गयी। लक्ष्मण! देखो, कितनी सुन्दर लगती है। सारी पृथ्वी पर सरकंडों के फूलने से सफेदी ऐसे छाई है जैसे वर्षा का बुढ़ापा प्रकट हो गया हो।

उदित अगस्ति पंथ जल सोषा। जिमि लोभहि सोषइ संतोषा।।
सरिता सर निर्मल जल सोहा। संत हृदय जस गत मद मोहा।।

अगस्त्य नक्षत्र ने उदय होकर मार्ग के जल को सुखा दिया है, जैसे लोभ को संतोष सुखा देता है। सरिताओं और सरोवरों में निर्मल जल शोभा पा रहा है जैसे मद और मोह के दूर होने पर संतों का हृदय शोभित होता है।

रस रस सूख सरित सर पानी। ममता त्याग करहिं जिमि ग्यानी।।
जानि सरद रितु खंजन आए। पाइ समय जिमि सुकृत सुहाए।।

नदियों और तालाबों का जल धीरे धीरे सूख रहा है जैसे ज्ञानी जन ममता का त्याग कर देते हैं। शरद ऋतु का आगमन जान कर खंजन पक्षी आ गए हैं जैसे अनुकूल अवसर पा कर पुण्य कर्मों का उदय होता है।

पंक न रेनु सोह असि धरनी। नीति निपुन नृप कै जसि करनी।।
जल संकोच बिकल भइँ मीना। अबुध कुटुंबी जिमि धन हीना।।

कीचड़ और मिट्टी के बिना धरती ऐसे शोभा पाती है जैसे नीतिमान् राजा की करनी यशोमयी होती है। जल कम हो जाने से मछलियाँ व्याकुल हो गई हैं जैसे बुद्धिहीन कुटुंबी धनहीन  होने पर होता है।

बिनु घन निर्मल सोह अकासा। हरिजन इव परिहरि सब आसा।।
कहुँ कहुँ बृष्टि सारदी थोरी। कोउ एक पाव भगति जिमि मोरी।।

बादलों के बिना आकाश निर्मल होकर ऐसे शोभा पा रहा है जैसे सब आशाओं को त्याग देने वाला भगवद्भक्त। कहीं कहीं शरद् ऋतु की थोड़ी थोड़ी वर्षा होती है जैसे मेरी भक्ति किसी एक को ही प्राप्त होती है।

दोहा— चले हरषि तजि नगर नृप, तापस, बनिक, भिखारि।।
जिमि हरि भगति पाइ श्रम, तजहिं आश्रमी चारि।।

(वर्षा ऋतु के कारण रुके हुए) राजा (दिग्विजय के लिए), तपस्वी (चातुर्मास्य समाप्त होने पर), व्यापारी (व्यापार के लिए) और भिखारी (भिक्षावृत्ति के लिए), नगरों को प्रसन्नता पूर्वक छोड़कर चल पड़े हैं जैसे भगवद्भक्ति प्राप्त कर लेने पर चारों आश्रमों (ब्रह्मचर्य, गृहस्थ, वानप्रस्थ और संन्यास) के लोग सभी श्रम (सकाम कर्म, योग, यज्ञ, तप आदि) त्याग देते हैं।

चौपाई— सुखी मीन जे नीर अगाधा। जिमि हरि सरन न एकउ बाधा।।
फूले कमल सोह सर कैसा। निर्गुन ब्रह्म सगुन भएँ जैसा।।

जो मछलियाँ गहरे जल में हैं वे सुखी हैं, जैसे ईश्वर की शरण में रहने पर कोई बाधा तंग नहीं करती। कमल के खिलने से सरोवर ऐसे शोभा पा रहा है जैसे निर्गुण ब्रह्म सगुण हो जाने पर शोभित होता है।

गुंजत मधुकर मुखर अनूपा। सुंदर खग रव नाना रूपा।।
चक्रवाक मन दुख निसि पेखी। जिमि दुर्जन पर संपति देखी।।

भंवरे जी खोल कर मधुर गुंजार कर रहे हैं और नाना रूपों वाले सुंदर पक्षी चहचहा रहे हैं। रात को देख कर चकवे का मन दुखी है, जिस प्रकार दूसरों की संपत्ति देख कर दुष्टों का मन दुखी होता है।

चातक रटत तृषा अति ओही। जिमि सुख लहहि न संकर द्रोही।।
सरदातप निसि ससि अपहरई। संत दरस जिमि पातक टरई।।

चातक रात दिन अपनी प्यास की रट लगाए है जैसे शंकर जी से द्रोह करने वाला कभी सुख प्राप्त नहीं करता। शरद् ऋतु की धूप (गर्मी) को रात में चन्द्रमा हरण कर लेता है, जैसे संतों के दर्शन से पाप टल जाते हैं।

देखि इंदु चकोर समुदाई। चितवहिं जिमि हरिजन हरि पाई।।
मसक दंस बीते हिम त्रासा। जिमि द्विज द्रोह किएँ कुल नासा।।

चकोरों के समूह चांद को प्रसन्न हो कर ऐसे देखते हैं जैसे हरिभक्त हरि को पाकर देखते रह जाते है। शीत ऋतु के भय से अब मच्छरों में डंक नहीं रहा जैसे ब्राह्मणों से द्रोह करने वालों के कुल नष्ट हो जाते हैं।

दोहा– भूमि जीव संकुल रहे, गए सरद ऋतु पाइ।
सदगुर मिले जाहिं जिमि, संसय भ्रम समुदाइ।।

पृथ्वी पर वर्षा ऋतु में जिन जीवों की भीड़ सी लग गई थी, वे शरद ऋतु के आने पर चले गए हैं जैसे सद्‌गुरु को पाकर, संशय और भ्रम के झुंड दूर भाग जाते हैं।

---

# उत्तरकांड

## प्रजा के नाम श्रीराम का संदेश
## (दोहा सं. ४२ से ४६ तक)

दोहा– जीवनमुक्त ब्रह्मपर, चरित सुनहिं तजिध्यान।
जे हरि कथा न करहिं रति, तिन्ह के हिय पाषान।।

इस चरित को जीवन्मुक्त, ब्रह्मनिष्ठ ऋषि भी ध्यान छोड़ कर सुनते हैं। ऐसी हरिकथा में जिनकी रुचि नहीं है, उनका हृदय पत्थर जैसा है।

चौपाई– एक बार रघुबीर बोलाए। गुरु द्विज पुरबासी सब आए।।
बैठे गुर मुनि अरु द्विज सज्जन। बोले बचन भगत भव भंजन।।

एक बार श्रीराम के बुलाने पर गुरु, ब्राह्मण, नगरवासी और अन्य सभी लोग आए। गुरु, मुनि और ब्राह्मण इत्यादि सभी सज्जन बैठ गए तो भक्तों को संसार चक्रसे छुड़ाने वाले श्रीराम बोलेः–

सुनहु सकल पुरजन मम बानी। कहउँ न कछु ममता उर आनी।।
नहिं अनीति नहिं कछु प्रभुताई। सुनहु करहु जो तुम्हहि सोहाई।।

हे सभी नगरवासियो! मेरी वाणी सुनो। मैं यह सब बातें अपने हृदय में बिना किसी लगाव के कह रहा हूँ। इसमें न तो कोई अनीति है न अहंकार। इसे सुनकर जैसा आपको अच्छा लगे, वैसा कीजिए।

सोइ सेवक मम प्रियतम सोई। मम अनुसासन मानै जोई।।
जौं अनीति कछु भाषौं भाई। तौ मोहि बरजहु भय बिसराई।।

मेरा सच्चा सेवक वही है जो मेरी आज्ञा माने। यदि मैं अनीति की कोई बात करूँ तो निर्भीक होकर वैसा करने से मुझे मना कर दीजिए।

बड़े भाग मानुष तनु पावा। सुर दुर्लभ सदग्रन्थन्हि गावा।।
साधन धाम मोच्छ कर द्वारा। पाइ न जेहिं परलोक सँवारा।।

मनुष्य का शरीर बड़े भाग्य से मिलता है। सद्ग्रन्थ कहते हैं कि यह देवताओं के लिए भी दुर्लभ है। यह सभी साधनों का घर और मोक्ष का द्वार है। जिस ने इसे पाकर भी परलोक को नहीं संवारा–

दोहा– सो परत्र दुख पावइ, सिर धुनि धुनि पछिताइ।।
कालहि कर्महि ईस्वरहि, मिथ्या दोष लगाइ।।

वह परलोक में दुःख प्राप्त करता और सिर धुन धुन कर पश्चाताप करता एवं काल, कर्म तथा ईश्वर को झूठा दोष देता है।

चौपाई– एहि तन कर फल विषय न भाई। स्वर्गउ स्वल्प अंत दुख दाई।।
नर तन पाइ बिषय मन देहीं। पलट सुधा ते सठ बिष लेहीं।।

हे भाई! इस शरीर का उद्देश्य विषयों का सेवन नहीं है। स्वर्ग का सुख भी थोड़े समय के लिए है और उसका भी परिणाम दुःखदायक है। मनुष्य का शरीर पाकर जो अपना मन विषयों में लगाते हैं वे अमृत के बदले विष का सौदा ही करते हैं।

ताहि कबहुँ भल कहइ न कोई। गुंजा ग्रहइ परस मनि खोई।।
आकर चारि लच्छ चौरासी। जोनि भ्रमत यह जिव अविनासी।।

जो व्यक्ति पारस मणि को गँवा कर गुंजा हासिल कर लेता है उसे कभी कोई अच्छा नहीं कहता। यह अविनाशी जीव चार प्रकार के खानों (स्वेदज, उद्भिज, अण्डज और पिण्डज) में, चौरासी लाख योनियों में भटकता रहता है।

फिरत सदा माया कर प्रेरा। काल कर्म सुभाव गुन घेरा।।
कबहुँक करि करुना नर देही। देत ईस बिनु हेतु सनेही।।

काल, कर्म, स्वभाव और तीन गुणों (सात्विक, राजस और तामस) में घिरा यह जीव माया से प्रेरित हो कर सदा आवगमन के चक्रमें घूमता रहता है। कभी कभी अकारण स्नेह करने वाले परमेश्वर कृपा कर के उसे मनुष्य का शरीर प्रदान करते हैं।

नर तनु भव बारिधि कहुँ बेरो। सन्मुख मरुत अनुग्रह मेरो।।
करनधार सदगुर दृढ़ नावा। दुर्लभ साज सुलभ करि पावा।।

मनुष्य शरीर संसार सागर को पार करने के लिए जहाज के समान है। मेरी कृपा अनुकूल वायु है। इस दृढ़ नाव के मांझी सद्गुरु हैं। इस प्रकार कठिनता से प्राप्त होने वाले सभी उपाय सहज सुलभ हो गए हैं।

दोहा— जो न तरै भव सागरहि, नर समाज अस पाइ।
सो कृतनिदंक मंदमति, आत्माहन गति जाइ।।

ऐसे मनुष्य समाज को पाकर भी जो संसार सागर को पार नहीं करता, वह कृतघ्न और मन्दबुद्धि पुरुष आत्महत्यारे की गति को प्राप्त करता है।

चौपाई— जौं परलोक इहाँ सुख चहहू। सुनि मम बचन हृदय दृढ़ गहहू।
सुलभ सुखद मारग यह भाई। भगति मोरि पुरान श्रुति गाई।।

यादि परलोक और इस लोक में सुख की इच्छा हो तो मेरे वचन सुन कर उन्हें दृढ़ता पूर्वक हृदय में धारण कर लो। हे भाई! पुराणों और वेदों ने मेरी जिस भक्तिका गायन किया है, वही भक्तिमार्ग सरल और सुखदायक है।

ग्यान अगम प्रत्यूह अनेका। साधन कठिन न मन कहुँ टेका।।
करत कष्ट बहु पावइ कोऊ। भगति हीन मोहि प्रिय नहिं सोऊ।।

ज्ञान के पथ पर चलना बहुत कठिन है। उसमें बाधाएँ बहुत हैं, साधना कठिन है और मन स्थिर नहीं रहता। बहुत कष्ट सह कर यदि कोई उसे पा भी ले तो भी भक्तिहीन होने के कारण वह मुझे प्रिय नहीं है।

भक्ति सुतंत्र सकल गुन खानी। बिनु सतसंग न पावइ प्रानी।।
पुन्य पुंज बिनु मिलहिं न संता। सतसंगति संसृति कर अंता।।

भक्ति स्वाधीन और सब गुणों की खान है। पर जीव उसे सत्संग के बिना प्राप्त नहीं करता। पुण्यों के समूह के बिना संत प्राप्त नहीं होते और सत्संग संसार में आवागमन के चक्र का अंत कर देता है।

पुन्य एक जग महँ नहिं दूजा। मन क्रम बचन बिप्र पद पूजा।।
सानुकूल तेहि पर मुनि देवा। जो तजि कपट करइ द्विज सेवा।।

संसार में एकमात्र, अद्वितीय पुण्य मन कर्म और वाणी से ब्राह्मणों की पूजा है। जो कपट का त्याग कर के ब्राह्मणों की सेवा करता है, मुनि और देवता सदा उसके अनुकूल रहते हैं।

दोहा– औरउ एक गुपुत मत, सबहिं कहउँ कर जोरि।
संकर भजन बिना नर, भगति न पावइ मोरि।।

अपना एक और गुप्त विचार मैं आप सब को हाथ जोड़ कर (विनयपूर्वक) कहता हूँः शंकर जी का भजन किए बिना मनुष्य को मेरी भक्ति प्राप्त नहीं होती।

चौपाई— कहहु भगति पथ कवन प्रयासा। जोग न मख जप तप उपवासा।।
सरल सुभाव न मन कुटिलाई। जथा लाभ संतोष सदाई।।

भला बताइए, भक्ति के मार्ग में कौन सा परिश्रम है? न योग, न यज्ञ, न जप, न तप, न व्रत, किसी की भी आवश्यकता नहीं है। केवल इतना ही चाहिए कि स्वभाव सरल हो, मन में कुटिलता न हो और जितना मिल जाए उसी में सन्तोष रहे।

मोर दास कहाइ नर आसा। करइ तौ कहहु कहा बिस्वासा।।
बहुत कहउँ का कथा बढ़ाई। एहि आचरन बस्य मैं भाई।।

मेरा सेवक कहला कर किसी मनुष्य से आशा करे तो बताइए ऐसे सेवक पर विश्वास कैसे किया जा सकता है? मैं इस कथा को और बढ़ा कर क्या कहूँ? हे भाई ! मैं ऐसे ही आचरण के वश में हूँ—

बैर न बिग्रह आस न त्रासा। सुखमय तेहि सदा सब आसा।।
अनारंभ अनिकेत अमानी। अनघ अरोष दच्छ बिग्यानी।।

न किसी से वैर न विद्वेष, न आशा, न भय, ऐसे मनुष्य के लिए सभी दिशाएँ सुखमय हैं। जो फल की कामना से किसी कार्य को आरंभ नहीं करता, जिसके मन में किसी घर के अपने होने का भाव नहीं है, जो अभिमान रहित है, जो निष्पाप, क्रोधरहित, चतुर और विज्ञानवान् है,

प्रीति सदा सज्जन संसर्गा। तृन सम बिषय स्वर्ग अपबर्गा।।
भगति पच्छ हठ नहिं सठताई। दुष्ट तर्क सब दूरि बहाई।।

जिसकी सज्जनों के संग में सदा प्रीति है, जिसके लिए सांसारिक विषय, स्वर्ग, यहाँ तक कि मोक्ष भी तिनके के समान हैं, जो भक्ति के पक्ष में आग्रह

पूर्वक स्थिर है, जिसमें दुष्टता नहीं है और जिसने सब प्रकार के कुतर्कों को दूर बहा दिया है।

दोहा– मम गुन ग्राम नाम रत, गत ममता मद मोह।
ता कर सुख सोइ जानइ, परानंद संदोह।।

जो मेरे गुण समूहों का गान करने और मेरा नाम जपने में मग्न रहता है, ममता, मद और मोह से मुक्त है, परमानंद सिंधु में डूबा हुआ ऐसा मनुष्य ही उस सुख का अनुभव कर पाता है।

# २. विनय पत्रिका

## १ गणेश स्तुति
## (पद सं. १)

गाइये गनपति जग बंदन। संकर सुवन भवानी नंदन।।
सिद्धि सदन गजबदन बिनायक। कृपा सिंधु सुंदर सब लायक।।
मोदक प्रिय मुद मंगल दाता। बिद्या बारिधि बुद्धि बिधाता।।
माँगत तुलसिदास कर जोरे। बसहिं राम सिय मानस मोरे।।

आइये, जगद्वंदनीय गणेश जी के गुणों का गान करें। वे शंकर के पुत्र और माँ पार्वती को आनन्द देने वाले हैं। वे सिद्धियों के भंडार हैं। उनका मुख हाथी का है। वे विघ्नों को वश में करने वाले हैं। कृपा के समुद्र हैं। सुन्दर और सर्वगुणसम्पन्न हैं। उन्हें लड्डू प्रिय हैं तथा वे प्रसन्नता तथा मंगल प्रदान करने वाले हैं। वे विद्या के सागर और बुद्धि के विधाता हैं। तुलसीदास हाथ जोड़ कर उनसे यह मांगता है कि मेरे हृदय में सदा श्रीसीताराम जी निवास करें।

## २. शिव-महिमा (पद सं. ५)

बावरो रावरो नाह भवानी।
दानि बड़ो दिन देत दये बिनु, बेद बड़ाई भानी।।
निज घर की बर बात बिलोकहु, हौ तुम परम सयानी।
सिव की दई संपदा देखत, श्री सारदा सिहानी।।

जिनके भाल लिखी लिपि मेरी, सुख की नहीं निसानी।
तिन रंकन कौ नाक संवारत, हौं आयो नकबानी।।
दुख-दीनता दुखी इनके दुख, जाचकता अकुलानी।
यह अधिकार सौंपिये औरहिं, भीख भली मैं जानी।।
प्रेम-प्रसंसा-बिनय-बिंग्यजुत, सुनि बिधि की बरबानी।
तुलसी मुदित महेस मनहिं मन, जगत मातु मुसुकानी।।

(सभी प्राणियों के भाग्य की रचना करने वाले ब्रह्मा जी एक बार कैलाश पर्वत पर जाकर पार्वती जी से शिकायत करने लगे--) हे भवानी! आपके पति एक दम बावले हैं। इतने बड़े दानी हैं कि प्रतिदिन देते ही रहते हैं, उन्हें भी जिन्होंने कभी किसी को कुछ नहीं दिया। ऐसा करके इन्होंने वेद की मर्यादा को भी तोड़ दिया है। आप तो बहुत सयानी हैं, अपने घर की भलाई का ही विचार कर लीजिए (अर्थात्, शिव जी के निरन्तर देते रहने से कहीं आप का घर ही खाली न हो जाए)। इनकी दान की हुई सम्पत्ति को देख कर लक्ष्मी जी और सरस्वती जी भी ललचा रही हैं। जिनके भाग्य में मेरे लिखे लेखों के अनुसार सुख की एक भी निशानी नहीं थी, शिवजी द्वारा दिए गए वरदानों के कारण ऐसे कंगालों के लिए स्वर्ग सजाते सजाते मेरे नाक में दम आ गया है। इनके दिए वरदानों के कारण दुःख और दीनता को कहीं रहने का ठिकाना नहीं मिल रहा, अतः वे दुखी हैं। इनके कारण ही भिक्षा-वृत्ति व्याकुल है क्योंकि उसे अपनाने वाला कोई नहीं रहा। भाग्य-रचना का जो अधिकार आपने मुझे दिया है, वह किसी और को सौंप दीजिए। मेरे लिए तो भीख ही अच्छी है। प्रेम, प्रशंसा, विनय तथा व्यंग्य से भरे ब्रह्मा जी के वचन सुन कर शिव जी मन ही मन प्रसन्न हो रहे हैं और जगन्माता पार्वती मुस्करा रही हैं।

## ३. देवी स्तुति (पद सं.१६)

जय जय जगजननि देवि सुर-नर-मुनि-असुर सेवि,
भुक्ति-मुक्ति-दायिनि भय-हरणि कालिका।
मंगल-मुद सिद्धि-सदनि, पर्वशर्वरीश वदनि,
ताप-तिमिर-तरुण-तरणि किरण मालिका।।
बर्म-चर्म कर कृपाण, शूल-शेल-धनुष बाण,
धरणि, दलनि दानव-दल रण करालिका।
पूतना-पिशाच-प्रेत-डाकिनि-शाकिनि समेत,
भूत-ग्रह-बेताल-खग-मृगालि-जालिका।।
जय महेश-भामिनी, अनेक रूप नामिनी,
समस्त लोक स्वामिनी, हिम-शैल बालिका।
रघुपति-पद परम-प्रेम, तुलसी यह अचल नेम,
देहु ह्वै प्रसन्न पाहि प्रणत-पालिका।।

हे देवी जगज्जननी! आप की जय हो। देवता, मनुष्य, ऋषि और असुर सब आपकी सेवा करते हैं। आप भोग और मोक्ष दोनों ही प्रदान करती हैं और अपने सेवकों का भय हरण करने के लिए काली हैं। आप मंगल, सुख और सिद्धियों की भंडार हैं। आपका मुखमंडल पूर्ण चन्द्रमा जैसा है। आप आधिभौतिक, आधिदैविक तथा आध्यात्मिक, तीनों प्रकार के पापरूपी अन्धकार का विनाश करने के लिए दोपहर के सूर्य की किरणमाला हैं। आपके हाथों में ढाल, तलवार, त्रिशूल, सांगी और धनुष-बाण शोभित हैं। आप दानवों के दल का संहार करने के लिए युद्ध भूमि में कराल रूप धारण कर लेती हैं। पूतना, पिशाच, प्रेत, डाकिनी, शाकिनी, भूत, ग्रह और बेताल रूपी पक्षियों और मृगों के झुंडों को पकड़ने के लिए आप जाल के समान हैं। हे शिव की पत्नी! हे

अनेक रूपों और नामों वाली, हे हिमाचल-पुत्री, आप समस्त लोकों की स्वामिनी हैं। हे शरणागत-रक्षिका! आप प्रसन्न होकर तुलसीदास को अचल नियम के रूप में श्री रघुनाथ जी के चरणों में प्रेम प्रदान करें।

## ४. गङ्गा स्तुति (पद सं. १९)

हरनि पाप त्रिबिध ताप, सुमिरत सुरसरित।
बिलसति महि कल्प-बेलि, मुद-मनोरथ फरित।।
सोहत ससि धवल धार, सुधा-सलिल भरित।
बिमलतर तंरग लसत, रघुबर के-से चरित।।
तो बिनु जगदंब गंग, कलिजुग क़ा करित?
घोर भव अपार सिंधु, तुलसी किमि तरित।।

देव-सरिता गंगा स्मरण मात्र से सब प्रकार के पापों और आधिभौतिक, आधिदैविक और आध्यात्मिक, तीनों तापों को दूर कर देती हैं वे आनन्द और मनः कामनाओं की पूर्ति करने वाली कल्प-लता के समान इस पृथ्वी पर शोभा पाती हैं। अमृतमय जल से परिपूर्ण उनकी धारा चन्द्रमा जैसी सफेद है। उनकी निर्मल लहरें ऐसी सुंदर हैं जैसे श्री रघुनाथ जी के चरित्र। हे जगज्जननी गंगा जी! आप न होतीं तो कलियुग न जाने क्या क्या अत्याचार करता। आप के बिना इस गहरे संसार सागर से तुलसी का उद्धार कैसे होता?

## ५. हनुमत्-स्तुति (पद सं. ३०)

जाके गति है हनुमान की।
ताकी पैज पूजि आई, यह रेखा कुलिस पषान की।।
अघटित-घटन, सुघट-बिघटन, ऐसी बिरुदावलि नहिं आन की।

सुमिरत संकट सोच बिमोचन, मूरति मोद निधान की।।
तापर सानुकूल गिरिजा हर, लखन राम अरु जानकी।
तुलसी कपि की कृपा-बिलोकनि, खानि सकल कल्यान की।।

जिसे सभी प्रकार से श्रीहनुमान् जी का ही आश्रय है, उसकी प्रतिज्ञा तो पूरी हो ही गयी, यह बात पत्थर पर हीरे की लकीर के समान निश्चित और अमिट है। असंभव को संभव तथा संभव को असंभव बना देने वाले हनुमान् जी जैसा यश अन्य किसी का नहीं है। उनकी मंगलमयी मूर्ति स्मरण मात्र से संकट और शोक का विनाश करने वाली है। तुलसीदास जी कहते हैं कि सारे कल्याण की खान हनुमान् जी की कृपा दृष्टि से पार्वती-शंकर तथा लक्ष्मण, राम और सीता जी सदा के लिए अनुकूल हो जाते हैं।

## ६. सीता जी से याचना (पद सं. ४१)

कबहुँक अंब अवसर पाइ।
मेरिऔ सुधि द्याइबी, कछु करुन-कथा चलाइ।।
दीन सब अँग हीन, छीन, मलीन, अघी अघाइ।
नाम लै भरै उदर एक प्रभु-दासी-दास कहाइ।।
बूझिहैं 'सो है कौन', कहिबी नाम दसा जनाइ।
सुनत राम कृपालु के मेरी बिगरिऔ बन जाइ।।
जानकी जगजननि जनकी किये बचन सहाइ।
तरै तुलसीदास भव तव नाथ-गुन-गन गाइ।।

हे माँ! कभी मौका पाकर, करुणाभरी कोई कथा छेड़ कर श्री रामचन्द्र जी को मेरी याद भी दिला देना। कहना कि एक दीन, सब प्रकार से हीन, निर्बल, मलिन तथा महापापी है जो उनका नाम लेकर, उनकी दासी (तुलसी) का दास कहला कर अपना पेट भरता है। जब वे पूछें कि 'वह कौन है', तो उनको मेरा

नाम बता कर मेरी दयनीय दशा भी बतला देना। कृपालु राम जी के सुनते ही मेरी बिगड़ी भी बन जाएगी। हे जगज्जननी जानकी जी! आपके वचनों से इस सेवक को बहुत सहायता मिलेगी तथा तुलसीदास आपके पति श्री राम जी के गुणों को गाकर संसार सिंधु से तर जाएगा।

## ७. राम जपु राम जपु (पद सं. ६६)

राम जपु, राम जपु, राम जपु बावरे।
घोर भव-नीर-निधि नाम निज नाव रे।।
एक ही साधन सब रिद्धि-सिद्धि साधि रे।
ग्रसे कलि रोग जोग-संजम-समाधि रे।।
भलो जो है, पोच जो है, दाहिनो, जो बाम रे।
राम नाम ही सों अंत सब ही को काम रे।।
जग नभ-बाटिका रही है फल फूलि रे।
धुआँ कैसे धौरहर देखि तू न भूलि रे।।
राम नाम छाँड़ि जो भरोसो करै और रे।
तुलसी परोसो त्यागि माँगै कूर कौर रे।।

अरे बावले! राम जप, राम, राम जप। इस भंयकर संसार सागर से पार उतरने के लिए नाम ही अपनी नाव है। यही एक साधन है जिसके द्वारा सब रिद्धियों और सिद्धियों को वश किया जा सकता है, कलियुग रूपी रोग ने योग, संयम और समाधि जैसे साधनों को ग्रस लिया है। भला हो या बुरा, अनुकूल हो या प्रतिकूल, आखिर तो सभी का काम रामनाम से ही पड़ना है। यह संसार तो आकाश में फलने फूलने वाले बागीचे के समान है, इस धुएँ के महल को देखकर भूल मत। जो रामनाम को छोड़कर किसी और का भरोसा करता है वह तो, तुलसीदास जी कहते हैं, परोसे हुए भोजन को छोड़ कर कुत्ते की तरह रोटी के टुकड़े के पीछे भागता है ।

## ८. दीन को दयालु (पद सं. ७८)

दीन को दयालु दानि दूसरो न कोऊ।
जाहि दीनता कहौं हौं देखौं दीन सोऊ।।
सुर, नर, मुनि, असुर, नाग, साहिब तौ घनेरे।
(पै) तौं लौं जौं लौं रावरे, न नेकु नयन फेरे।।
त्रिभुवन तिहुँ काल बिदित, बेद बदति चारी।
आदि-अंत-मध्य राम! साहबी तिहारी।।
तोहि माँगि माँगनो न माँगनो कहायो।
सुनि सुभाव-सील-सुजसु जाचन जन आयो।।
पाहन-पसु, बिटप-बिहँग अपने करि लीन्हे।
महाराज दसरथ के! रंक राय कीन्हे।।
तू गरीब को निवाज, हौं गरीब तेरो।
बारक कहिये कृपालु! तुलसिदास मेरो।।

हे श्री राम! दीनों पर दया करने वाला दयालु और दानी आप के समान और कोई नहीं है। मैं जिससे भी अपनी दीनता कहता हूँ, उसे ही दीन पाता हूँ। देवता, मनुष्य, मुनि, असुर, नाग, कहने को तो बहुत स्वामी हैं पर वे तब तक ही हैं जब तक आपने अपनी नज़र को ज़रा सा टेढ़ा नहीं किया (अर्थात् आप के नज़र फेरने से वे भी बदल जाते हैं) तीनों लोकों और तीनों कालों में यह प्रसिद्ध है तथा चारों वेद भी यही कहते हैं कि हे श्री राम जी! शुरू में, मध्य में और अंत में निभने वाला स्वामित्व तो आपका ही है। आपसे एक बार मांगने के पश्चात् फिर कोई मांगने वाला नहीं रह जाता। आप के स्वभाव, शील और यश को सुन कर मैं, आपका सेवक, मांगने आया हूँ । हे दशरथ

नन्दन! आपने तो पाषाण (अहल्या), पशु (वानर), वृक्ष (यमलार्जुन) और पक्षी (जटायु, काकभुशुंडि) तक को अपना लिया ओर कंगालों को राजा बना दिया है। आप गरीबों को निहाल करने वाले हैं और मैं आपका गरीब हूँ। हे कृपालु श्री राम! बस एक बार कह दीजिए कि तुलसीदास मेरा है।

## ९. जाउँ कहाँ तजि (पद सं.१०१)

जाउँ कहाँ तजि चरन तुम्हारे।
काको नाम पतित पावन जग, केहि अति दीन पियारे।।
कौने देव बराइ बिरद-हित, हठि-हठि अधम उधारे।
खग-मृग, ब्याध, पषान, बिटप जड़, जवन कवन सुर तारे।।
देव, दनुज, मुनि, नाग, मनुज सब माया बिबस बिचारे।
तिनके हाथ दास तुलसी प्रभु, कहा अपनपौ हारे।।

हे प्रभो! मैं आपके चरणों को छोड़ कर कहाँ जाऊँ? आपके अतिरिक्त इस संसार में किसका नाम पतित पावन है ओर दीनजन किसको बहुत प्रिय हैं? ऐसा कौन सा देवता है जिसने अपने विरद की रक्षा के लिए चुन चुन कर हठ पूर्वक अधमों का उद्धार किया है? पक्षी, पशु, व्याध, पत्थर, जड़ वृक्ष और यवनों का उद्धार किस देवता ने किया है? देवता, राक्षस, मुनि, नाग, मनुष्य, सभी बेचारे माया के वश में हैं । उनके हाथ में अपने को सौंप कर यह तुलसीदास क्या करे?

## १०. माधव असि तुम्हारि यह माया
## (पद सं. ११६)

माधव! असि तुम्हारि यह माया।
करि उपाय पचि मरिय तरिय नहिं, जब लगि करहु न दाया।।
सुनिय, गुनिय, समुझिय, समुझाइय, दसा हृदय नहिं आवै।
जेहि अनुभव बिनु मोहजनित भव दारुन बिपति सतावै।।
ब्रह्म पियूष मधुर सीतल जो पै मन सो रस पावै।
तौ कत मृगजल रूप बिषय कारन निसि बासर धावै।।
जेहि के भवन बिमल चिंतामनि सो कत काँच बटोरै।
सपने परबस परै जागि देखत केहि जाइ निहोरै।।
ग्यान-भगति साधन अनेक सब सत्य झूठ कछु नाहीं।
तुलसिदास हरिकृपा मिटै भ्रम, यह भरोस मन माहीं।।

हे माधव! आपकी यह माया ऐसी है कि कितना भी उपाय कर लें, मर खप लें, पर तब तक इस का पार नहीं पाया जा सकता जब तक कि आप दया न करें। सुनता हूँ, विचार करता हूँ, स्वयं समझता और दूसरों को समझता हूँ पर इस का भेद हृदय में नहीं आता (और इसी कारण) वह अनुभव नहीं होता जिसके बिना संसार की भयंकर विपत्तियाँ सताती रहती हैं। ब्रह्मामृत अत्यंत मधुर और शीतल है। यदि यह रस मन को उपलब्ध हो जाए तो भला यह विषय रूपी मृगमरीचिका के जल की तलाश में दौड़ता क्यों फिरे? जिसके घर में ही निर्मल चिन्तामणि हो, वह भला काँच क्यों इकठ्ठा करे? यदि कोई सपने में किसी के वश में हो जाए तो जाग जाने पर भी भला क्यों किसी की खुशामद करे? ज्ञान और भक्ति आदि अनेक साधन हैं और वे सब सच्चे हैं,

कोई झूठा नहीं है, पर तुलसीदास जी कहते हैं कि मेरे मन में यह दृढ़ विश्वास है कि भ्रम तो भगवत्कृपा से ही मिटता है।

## ११. मैं केहि कहउँ बिपति अति भारी
## (पद सं. १२५)

मैं केहि कहौं बिपति अति भारी। श्री रघुबीर धीर हितकारी।।
मम हृदय भवन प्रभु तोरा। तहँ बसे आइ बहु चोरा।।
अति कठिन करहिं बरजोरा। मानहिं नहिं बिनय निहोरा।।
तम मोह लोभ अहँकारा। मद क्रोध बोध-रिपु मारा।।
अति करहिं उपद्रव नाथा। मरदहिं मोहि जानि अनाथा।।
मैं एक अमित बट पारा। कोउ सुनै न मोरि पुकारा।।
भागेहु नहिं नाथ! उबारा। रघुनायक करहु संभारा।।
कह तुलसिदास सुनु रामा। लूटहिं तसकर तव धामा।।
चिंता यह मोहिं अपारा। अपजस नहिं होइ तुम्हारा।।

हे धीर एवं हितकारी रघुनाथ जी! मैं अपनी भयंकर विपत्ति किस से कहूँ? हे प्रभु! मेरे इस हृदय में, जो कि आपका घर है, बहुत से चोर आ बसे हैं। ये बड़े दुष्ट हैं, मेरे साथ ज़बर्दस्ती करते हैं, मेरी बिनती, ख़ुशामद कुछ नहीं मानते। अज्ञान रूपी अन्धकार, मोह, लोभ, अहंकार, मद, ज्ञानका शत्रु काम, ये सब, हे स्वामी! बहुत उपद्रव करते हैं और अनाथ समझ कर मुझे मसलते कुचलते हैं। मैं अकेला हूँ और यह लुटेरे संख्या में अगणित हैं। मेरी पुकार सुननेवाला यहाँ कोई नहीं है। हे नाथ! भागने पर भी इनसे छुटकारा नहीं है। हे रघुनाथ जी! अब आप ही मुझे संभालिए। तुलसीदास जी कहते हैं कि हे

राम जी, सुनिए, ये चोर आप का घर लूट रहे हैं। मुझे तो बेहद चिन्ता इस बात की है कि कहीं आपका अपयश न हो जाए।

## १२. कबहुँ सो कर सरोज (पद सं. १३८)

कबहुँ सो कर सरोज रघुनायक, धरिहौ नाथ सीस मेरे।
जेहि कर-अभय किये जन आरत, बारक बिबस नाम टेरे॥
जेहि कर-कमल कठोर संभु धनु, भंजि जनक-संसय मेट्यो।
जेहि कर-कमल उठाइ बंधु ज्यों, परमप्रीति केंवट भेंट्यो॥
जेहि कर-कमल कृपालु गीध कहँ, पिंड देइ निजधाम दियो।
जेहि कर-बालि बिदारि दास-हित, कपि कुल पति सुग्रीव कियो॥
आयो सरन सभीत बिभीषन, जेहि कर कमल तिलक कीन्हों।
जेहि कर गहि सर चाप असुर हति, अभय दान देवन्ह दीन्हों॥
सीतल सुखद छाँह जेहि कर की, मेटति पाप ताप माया।
निसि बासर तेहि कर सरोज की, चाहत तुलसिदास छाया॥

हे स्वामी रघुनाथ जी! क्या आप कभी अपना वह हस्तकमल मेरे सिर पर रखेंगे जिससे आपने ऐसे दीन जनों को भी निर्भय कर दिया था जिन्होंने मजबूरी में, एक ही बार आप का नाम पुकारा था? जिस करकमल से आपने शिव जी के कठोर धनुष को तोड़ कर जनक जी के संशय को मिटाया था, जिस कर-कमल से भाई की तरह केवट को उठा कर प्रेम पूर्वक गले से लगा लिया था; हे कृपालु! जिस कर-कमल से आपने गीध का पिंडदान करके उसे अपना परमधाम दिया था, जिस हस्तकमल से अपने सेवक के हित के लिए बाली का संहार करके सुग्रीव को वानरों के कुल का स्वामी बनाया था; जब रावण से भयभीत विभीषण आपकी शरण में आया तो जिस हस्तकमल से

आपने उसका राजतिलक किया था और जिस हाथ में आपने धनुष-बाण ले कर राक्षसों का वध किया तथा देवताओं को अभयदान दिया था; जिस हाथ की शीतल और सुखदायक छाया पाप, संताप और माया को नष्ट कर देती है, उसी करकमल की छाया की कामना यह तुलसीदास रात दिन करता है।

## १३. रघुबर रावरि यहै बड़ाई
## (पद सं. १६५)

रघुबर रावरि यहै बड़ाई।
निदरि ग़नी आदर गरीबपर, करत कृपा अधिकाई।।
थके देव साधन करि सब सपनेहुँ नहिं देत दिखाई।
केवट कुटिल भालु कपि कौनप, कियो सकल सँग भाई।।
मिलि मुनिबृंद फिरत दंडकबन, सो चरचौ न चलाई।
बारहि बार गीध सबरी की बरनत प्रीति सुहाई।।
स्वान कहे ते कियो पुर बाहिर, जती गयंद चढ़ाई।
तिय निदंक मतिमंद प्रजारज, निज नय नगर बसाई।।
यहि दरबार दीन को आदर, रीति सदा चलि आई।
दीन-दयालु दीन तुलसी की, काहु न सुरति कराई।।

हे राघवेन्द्र! आपका बड़प्पन यही है कि आप अभिमानी, धनी लोगों का निरादर करके गरीबों का आदर करते हैं, उन पर अधिक कृपा करते हैं। देवता अनेक प्रयत्न करके थक गए पर आप उन्हें स्वप्न में भी दिखाई नहीं देते परन्तु निषाद, कपटी बन्दर-भालुओं और राक्षस विभीषण के साथ भाईचारा स्थापित कर लिया। दंडकारण्य में ऋषिगणों के साथ घूमते रहे, उसका तो कहीं उल्लेख

तक नहीं किया पर गीध और शबरी के स्नेह का सुंदर वर्णन बार बार करते रहे। कुत्ते के कहने पर संन्यासी को तो हाथी पर चढ़ा कर नगर से निर्वासित कर दिया और अपनी धर्मपत्नी सीता जी के मूर्ख निंदक धोबी को नगर में अपने निकट बसा कर रक्खा। यह तो सदा से चली आ रही रीति है कि इस दरबार में दीनों का आदर होता है तो फिर हे राघव! इस दीन तुलसी की ओर आपका ध्यान क्या किसी ने नहीं दिलाया?

## १४. कबहुँक हौं यह रहनि
## (पद सं. १७२)

कबहुँक हौं यह रहनि रहौंगो।
श्री रघुनाथ-कृपालु-कृपा तें, संत सुभाव गहौंगों।।
जथालाभ संतोष सदा, काहू सों कछु न चहौंगो।
पर-हित-निरत निरंतर, मन-क्रम-बचन नेम निबहौंगो।।
परुष बचन अति दुसह श्रवन सुनि तेहि पावक न दहौंगो।
बिगत मान सम सीतल मन, पर-गुन नहिं दोष कहौंगो।।
परिहरि देह जनित चिंता, दुख सुख समबुद्धि सहौंगो।
तुलसिदास प्रभु यहि पथ रहि अबिचल हरि-भगति लहौंगों।।

क्या कभी मैं ऐसी रहनी से भी रह पाऊँगा? क्या कृपालु रघुनाथ जी की कृपा से मैं कभी संत स्वभाव प्राप्त कर सकूंगा? जितना मिल जाए उसी में संतोष करूंगा, किसी से कुछ नहीं चाहूंगा और मन, वाणी तथा कर्म से निरन्तर दूसरों के भले में ही लगा रहूंगा? कानों से असहनीय कठोर वचनों को सुन कर उन की आग में नहीं जलूंगा, मेरा मन अभिमान रहित, समत्वभाव से युक्त और

शीतल होगा और मैं दूसरों की निंदा-स्तुति नहीं करूंगा? शरीर संबंधी चिन्ता छोड़कर, दुःख और सुख को समानभाव से सहूंगा? हे प्रभु! क्या कभी मैं--तुलसी दास--इस पथ पर चलते हुए अविचल हरिभक्ति प्राप्त कर सकूंगा?

## १५. रामराय! बिनु रावरे (पद सं. २२७)

राम राय! बिनु रावरे मेरे को हितु साँचो?
स्वामि सहित सबसों कहौं, सुनि-गुनि बिसेषि कोउ रेख दूसरी खाँचो॥
देह-जीव-जोग के सखा मृषा टांचन टांचो।
किए बिचार सार क्दलि ज्यों मनि कनक संग लघु लगत बीच बिच काँचो॥
'बिनय-पत्रिका' दीन की, बापु आपु ही बाँचो।
हियेहेरि तुलसी लिखी, सो सुभाय सही करि बहुरि पूँछिये पाँचो॥

हे राजा राम! आपके अतिरिक्त मेरा सच्चा हितचिन्तक कौन है? मैं अपने स्वामी (श्रीराम) समेत सबसे कहता हूँ कि यदि वह आपसे बड़ा हित चिन्तक कोई हो तो उसके विशेष गुणों को सुनकर एक दूसरी लकीर खीच दो अर्थात् उसे अपने से बड़ा सिद्ध कर दो। देह और जीव से जुड़े हुए जितने संबंधी हैं, वे सब झूठ के टांके से टंके हुए हैं अर्थात् सब नाते झूठे हैं। विचार करने से पता चलता है कि सब संबंध केले के पेड़ के सार के समान अर्थात् सारहीन हैं। इनकी सुंदरता तो स्वर्ण और मणियों के बीच शोभा पा जाने वाले काँच जैसी है। हे बाप जी! इस दीन की 'विनय पत्रिका' आप ही पढ़िए। इसे अपने हृदय को जाँच परख कर तुलसी ने लिखा है। इस पर अपने स्वभाव के अनुसार सही कर दीजिए और इसके विषय में पंचों (निर्णायकों) की सलाह बाद में लीजिए।

## १६. मारुति मन रुचि भरत की
## (पद सं. २७९)[१]

मारुति मन रुचि भरत की लखि लषन कही है।
कलिकालहु नाथ! नाम सों परतीति-प्रीति एक किंकर की निबही है॥
सकल सभा सुनि लै उठी, जानी रीति रही है।
कृपा गरीब निवाज की, देखत गरीब को साहब बाँह गही है॥
बिहँसि राम कह्यो 'सत्य है, सुधि मैं हूँ लही है'।
मुदित माथ नावत, बनी तुलसी अनाथ की, परी रघुनाथ सही है॥

हनुमान् जी के मन की बात तथा भरत जी की इच्छा को समझते हुए, लक्ष्मण जी श्री रघुनाथजी से कहते हैं, "हे स्वामी! कलियुग में भी आप का एक सेवक है जिसका आप के नाम में स्नेह और विश्वास निभ गया है।" इस बात को सुनकर श्रीराम के दरबार में बैठे सभी सभासदों ने उठ कर कहा कि यह बात बिल्कुल ठीक है। हम उस की रीति को जानते हैं। गरीब निवाज श्री राम की उस पर बहुत कृपा है। उन्होंने सब के सामने उस ग़रीब की बाँह थामी है (अपना लिया है)। इस पर श्री रघुनाथ जी हँस कर बोले, "ठीक है, मुझे भी इस बात की ख़बर मिली है।" इस पर तुलसीदास जी की बिगड़ी बन जाने से उन्होंने प्रसन्न होकर श्रीराम को प्रणाम किया और विनय पत्रिका पर श्री राम ने अपने हस्ताक्षर कर दिए।

❖

[१] यह विनय पत्रिका का अंतिम पद है

तेऊ उतरि पारि गये, राम नाम लीन्हाँ।।
स्वाँन, सूकर, काग कीन्हौं, तऊ लाज न आई।
राम नाम अमृत छाड़ि, काहे विष खाई।।
तजि धरम करम बिधि न खेद, राम नाम लेहीं।
जन कबीर गुर प्रसाद, राम करि सनेही।।

## (२७)

सो मेरा राम कबहुँ घरि आवै, ता देखे मेरा जिय सुख पावै ।।टेक।।
बिरह अगिनि तन दिया जराई, बिन दरसन क्यूँ होइ सराई[१]।।
निसि बासर मन रहे उदासा, जैसे चातिग[२] नीर पियासा।।
कहै कबीर अति आतुरताई, हम कौं बेगि मिलौ राम राई।।

## (२८)

चेतनि देखै रे जग धंधा,
राम नाम का मरम न जाँनैं, माया कै रसि अंधा ।।टेक।।
जनमत हीरू कहा ले आयो, मरत कहा ले जासी।
जैसे तरवर बसत पँखेरू, दिवस चारि के बासी।।
आपा[३] थापि[४] अवर[५] को निंदै, जन्मत ही जड़ काटी।
हरि को भगति बिना यहु देही, धब[६] लौटै हो फाटी[७]।।
काँम क्रोध मोह मद मछर, पर अपवाद न सुणिये।
कहै कबीर साध की संगति, राम नाम गुण मणिये।।

---

[१] शीतलता [२] चातक [३] अपना आप [४] प्रतिष्ठा करवा कर [५] दूसरे [६] धरती [७] फटकर, नष्ट हो कर

देत भूप अनुरूप जाहि जोइ, सकल सिद्धि गृह आई।।
सुखी भए सुर, संत, भूमिसुर खलगन मन मलिनाई।
सबइ सुमन बिकसत रबि निकसत, कुमुद-विपिन बिलखाई।।
जो सुख-सिंधु-सकृत-सीकर तें सिव बिरंचि प्रभुताई।
सोइ सुख अवधि उमँगि रह्यो दस दिसि कौन जतन कहौं गाई।।
जे रघुबीर चरन चिंतक तिन्ह की गति प्रगट दिखाई।
अबिरल अमल अनूप भगति दृढ़ तुलसिदास तब पाई

आज का दिन अत्यन्त शुभ और सुहावना है। रूप, शील और गुणों के धाम श्री राम राजा दशरथ के भवन में आकर प्रकट हुए हैं। अत्यन्त पवित्र चैत्र का महीना है, लग्न, वार और योग का समूह भी अनुकूल है चर और अचर प्रसन्न हैं, ब्राह्मणों के शरीर में (प्रसन्नता के कारण) रोमांच हो रहा है। देववृन्द पुष्प वर्षा कर रहे हैं और आकाश में दुंदुभी बज रही है। कौशल्या आदि माताएँ मन से इतनी प्रसन्न हैं कि उनके सुख का वर्णन नहीं किया जा सकता। दशरथ जी ने पुत्र का जन्म सुन कर सभी गुरुजनों और ब्राह्मणों को बुलाया और वेद विधि के अनुसार सभी अत्यन्त पवित्र कार्य किए; उनका आनंद हृदय में समाता ही नहीं। मुनि महलों के अन्दर मधुर स्वर से वेदपाठ कर रहे हैं और भाँति भाँति की बधाइयाँ गाई जा रही हैं। अपने प्रिय राजा दशरथ की प्रसन्नता के लिए नगरवासी अपनी अपनी सम्पत्ति को लुटा रहे हैं। अयोध्यापुरी, मणियों, द्वारों, झंडियों तथा झंडों से सजी खूब सुन्दर दिखाई दे रही है। मागध, चारण और बंदी गण (राजस्तुति करने वाले) जहाँ तहाँ राजा की बड़ाई कर रहे हैं। स्त्रियाँ अपने स्वाभाविक शृंगार करके मंगल के साज-सामान तैयार करके चली जा रही हैं और प्रसन्न मन से गाती हुई यह आशिष दे रही हैं कि आनन्ददायक पुत्र चिरजीवी हों। गलियों में केसर का कीचड़ फैला है, अरगजा (चन्दन, गुलाब, कपूर, कस्तूरी और चमेली के तेल के मिश्रण से बना द्रव

पदार्थ), अगर (धूप बनाने में इस्तेमाल होने वाली लकड़ी) और अबीर उड़ रहे हैं। नगर के स्त्री-परुष प्रेम में भरकर नाच रहे हैं, उन्हें अपनी देहदशा का भी ध्यान नहीं है। राजा दशरथ, जिसकी जैसी योग्यता है, उसके अनुसार लोगों को ढेरों गौएँ, हाथी, घोड़े, कपड़े, मणियाँ, सोना दान कर रहे हैं। उनके घर में सारी सिद्धियाँ आ बसी हैं (इस कारण वे चाहे जितना भी बाँटें, कमी नहीं पड़ती)। देवता, साधु और ब्राह्मण सुखी हो गए हैं और दुष्टों के मन में द्वेष है, जैसे सूर्योदय से सभी पुष्प खिल जाते हैं पर कुमुद-वनों में शोक छा जाता है। जिस आनंद-समुद्र की एक बूंद से शिव और ब्रह्मा को सारा ऐश्वर्य प्राप्त है, अयोध्या की दसों दिशाओं में वही आनंद उमड़ रहा है, मैं भला उसका वर्णन कैसे करूँ? जो लोग श्री राम के चरणों के उपासक हैं, इस अवसर पर उनकी दशा स्पष्ट रूप से देख कर तुलसीदास ने प्रभु की निर्बाध, निर्मल और अनुपम भक्ति प्राप्त कर ली है।

## २ आजु महामंगल कोसलपुर
## (पद सं. ३)

आजु महामंगल कोसलपुर सुनि नृप के सुत चारि भए।
सदन सदन सोहिलो सुहावन नभ अरु नगर निसान हए।।
सजि सजि जान अमर किन्नर मुनि जानि समय सुभ गान ठए।
नाचहिं नभ अपसरा मुदित मन पुनि पुनि बरषहिं सुमन चए।।
अति सुख बेगि बोलि गुरु भूसुर भूपति भीतर भवन गए।
जातकरम करि, कनक बसन, मनि भूषित सुरभि समूह दए।।
दल, फल, फूल, दूब, दधि, रोचन जुबतिन्ह भरि भरि थाल लए।
गावत चलीं भीर भइ बीथिन्ह, बँदिन्ह बाँकुरे बिरद बए।।
कनक-कलस चामर पताक धुज जहँ तहँ बंदनवार नए।

भरहिं अबीर, अरगजा छिरकहिं, सकल लोक एक रंग रए।।
उमँगि चल्यौ आनंद लोक तिहुँ, देत सबनि मंदिर रितए।
तुलसिदास पुनि भरेइ देखियत, रामकृपा चितवनि चितए।।

यह सुनकर कि राजा के यहाँ चार पुत्रों का जन्म हुआ है, कोसलपुरी (अयोधया) में मंगलमय वातावरण बना हुआ है। घर घर में सुंदर सोहिले (बधाई गीत) गाए जा रहे हैं, आकाश में और नगर में बाजे बज रहे हैं। अप्सराएँ प्रसन्न मन से नाचती और बार-बार चुन कर पुष्प बरसा रही हैं। राजा, अत्यंत सुख के साथ गुरु और ब्राह्मणों को जल्दी से बुला कर, घर के भीतर (अंतःपुर) गए, जातकर्म (सोलह संस्कारों में से, पुत्र जन्म संबंधी, एक) संस्कार करके, उन्होंने स्वर्ण, आभूषणों और मणियों से सुशोभित अनेक गौओं का दान किया। युवतियों ने थालियाँ भर भर कर पत्रों, पुष्पों, फलों, दूर्वा, दही और गोरोचन का उपहार ग्रहण किया। वे गाती हुई चली जा रही हैं, गलियों में भीड़ हो गई है, बाँके बंदीगण गा गा कर कीर्तियों का प्रसार कर रहे हैं। स्वर्ण- कलश, चँवर, झंडियों, ध्वजों इत्यादि के साथ नए नए बंदनवार बांधे जा रहे हैं। अबीर भरते और अरगजा छिड़कते सभी लोग एक ही रंग में रंगे हुए हैं। तीनों लोकों में आनंद उमड़ पड़ा है, देते देते सबके घर खाली हो गए हैं, पर, तुलसीदास जी कहते हैं, श्री राम की कृपादृष्टि पड़ते ही, देखते ही देखते, वे फिर से भर गए हैं।

# ३. ललित सुतहिं लालति
# (पद सं. २९)

ललित सुतहिं लालति सचु पाए।
कौसल्या कल कनक अजिर मँह सिखवति चलन अँगुरिया लाए।
कटि किंकिनी, पैंजनी पायनि बाजति रुनझुनु मधर रेंगाए।
पहुँची करनि, कंठ कठुला बन्यो केहरिनख मनि जरत जराए॥
पीत पुनीत बिचित्र झँगुलिया सोहति स्याम सरीर सुहाए।
दँतिया द्वै द्वै मनोहर मुख छवि अरुन अधर चित लेत चोराए॥
चिबुक कपोल नासिका सुन्दर, भाल तिलक मसि बिंदु बनाए।
राजत नयन मंजु अंजनजुत, खंजन कंज मीन मद नाए॥
लटकन चारु भ्रकुटिया टेढ़ी, मेढ़ी सुभग सुदेस सुभाए।
किलकि किलकि नाचत चुटकी सुनि, डरपति जननि पानि छुटकाए॥
गिरि घुटरुवनि टेकि उठि अनुजनि तोतरि बोलत पूप देखाए।
बालकेलि अवलोकि मातु सब मुदित मगन आनँद न अमाए॥
देखत नभ घन-ओट चरित मुनि जोग समाधि बिरति बिसराए।
तुलसिदास जे रसिक न एहि रस ते जन जड़ जीवन जग जाए॥

माँ कौशल्या अपने सुंदर पुत्र को उत्साहपूर्वक लाड़ लड़ाती हैं। कनक-भवन के विशाल आंगन में वे अंगुली पकड़ कर बालक राम को चलना सिखाती हैं। उनके रुक रुक कर चलने से कमर की करधनी और पैरों की पायजेबें बजती हैं। उनके हाथों में पहुँची और गले में बाघनख और मणियों से जड़ा कंठ हार शोभा पा रहा है। पवित्र और अद्भुत पीली झगुलिया उनके सांवले शरीर पर खूब जँच रही है। ऊपर और नीचे के दो दो दांत मुख को मनोहारिणी छवि

प्रदान करते हैं तथा लाल होंठ चित्त को चुरा लेते हैं। ठोढ़ी, कपोल और नासिका अत्यंत सुन्दर हैं; माथे पर तिलक और भवों पर काजल है। अंजन लगी सुन्दर आँखें खंजन पक्षी,कमल और मछली के गर्व को चूर करने वाली हैं। सिर पर नन्हा सा मुकुट शोभित है, भवें तिरछी हैं और चोटी स्वाभाविक रूप से अपने सही स्थान पर सजी है। जब वे माँ की चुटकी के स्वर को सुन कर, हाथ छुड़ाकर, किलकारी मार कर नाचते हैं तो मां डर जाती है। गिर पड़ते हैं तो घुटनों का सहारा लेकर उठ जाते हैं तथा अपने छोटे भाइयों को पुआ (पूड़ा) दिखा कर तोतली वाणी से पास बुलाते हैं। रामजी की बाललीला देख कर सब माताएँ प्रसन्नता में मग्न हैं और उनके आनंद की सीमा नहीं है। आकाश से, बादलों की ओट से मुनि, योग, समाधि और वैराग्य को छोड़ कर राम जी के बालचरित्र को देखते हैं। तुलसीदास जी कहते हैं कि जो लोग इस रस के रसिक नहीं हैं वे जड़ हैं और इस संसार में उनका जन्म लेना व्यर्थ है।

## ४. रामपद-पदुम पराग तरी
## (पद सं. ५५)

रामपद-पदुम-परागपरी।
रिषितिय तुरत त्यागि पाहन-तनु छबिमय देह धरी।।
प्रबल पाप पति-साप-दुसह-दव दारुन जरनि जरी।
कृपा-सिंधु सिंचि बिबुधबेलि ज्यौं फिरि सुख-फरनि फरी।।
निगम-अगम मूरति महेस-मति जुवति बराय बरी।
सोइ मूरति भइ जानि नयन पथ इकटक तें न टरी।।

बरनत हृदय सरूप सील गुन प्रेम-प्रमोद-भरी।
तुलसिदास अस केहि आरत की आरति प्रभु न हरी।।

अहल्या श्री राम की चरण धूलि में गिर पड़ी। मुनि (गौतम) की पत्नी ने पाषाण का शरीर त्याग करके तुरन्त अत्यंत सुन्दर दिव्य शरीर धारण कर लिया। वह अपने कठोर पाप के कारण पति के शाप की असह्य अग्नि की दारुण ज्वाला में जलती रही थी। कृपा सिंधु श्री राम ने उसे अमर बेल की भाँति सींच कर सुख के फलों से फलवान् बना दिया। वेदों के लिए जिस रूप का दर्शन करना अत्यंत कठिन है और शंकर की बुद्धि रूपी युवती भी जिसको पाने का प्रयत्न कर कर के हार जाती है, वही स्वरूप अहल्या के नयनों के मार्ग में आ जाने पर उसकी आँखें पलक भी नहीं झपक रहीं। मन ही मन श्री राम के रूप, शील और गुणों का वर्णन करती हुई अहल्या प्रेमानंद में मग्न है। तुलसीदास जी कहते हैं कि ऐसा कौन आर्त भक्त है जिसके कष्ट का प्रभु ने निवारण न किया हो? अर्थात् श्रीराम अपने सभी आर्त जनों का कष्ट अवश्य दूर करते हैं।

## ५. जयमाल जानकी जलज कर
## (पद सं. ९४)

जयमाल जानकी जलज-कर लई है।
सुमन सुमंगल सगुन की बनाइ मंजु,
मानहुँ मदन-माली आपु निरमई है।।
राजरुख लखि गुरु भूसुर सुआसिनिन्ह,
समय समाज की ठवनि भली ठई है।
चलीं गान करत, निसान बाजे गह गहे,

लहलहे लोयन सनेह सरसई है॥
हनि देव दुंदभी हरषि बरषत फूल,
सफल मनोरथ भो, सुख सुचितई है।
पुरजन परिजन रानीराउ प्रमुदित,
मनसा अनूप राम-रूप-रँग रई है॥
सतानंद सिख सुनि पाँय परि पहिराई—
माल सिय पिय-हिय सोहत सो भई है।
मानस तें निकसि बिसाल सुतमाल पर,
मानहु मरालपाँति बैठी बनि गई है॥
हितनि के लाह की, उछाह की बिनोद-मोद,
सोभा की अवधि नहीं, अब अधिकई है।
याते बिपरीत अनहितन की जानि लीबी,
गति, कहे प्रकट खुनिस खासी खई है॥
निज निज बेद की सप्रेम जोग-छेम-मई,
मुदित असीस बिप्र बिदुषन्हि दई है।
छबि तेहि काल की कृपालु सीता दूलह की,
हुलसी हिए तुलसी के नित नई है॥

श्री जानकी जी ने अपने करकमलों में जयमाला ली हुई है। मंगल और शुभ शगुनों से इस सुन्दर माला को मानो कामदेव रूपी माली ने अपने हाथों से बनाया है। राजा जनक का संकेत, गुरु शतानंद तथा ब्राह्मणों की आज्ञा और समय (मुहूर्त) एवं उपस्थित समाज की अनुकूल दृष्टि पाकर वे चल पड़ी हैं। सखियाँ मंगलगान गाती हुई साथ चल रही हैं, सब ओर खुशी के बाजे बज रहे हैं। सबके नेत्रों में उल्लास है और उनसे स्नेह की वर्षा हो रही है। देवता

दुंदुभियाँ बजाते हुए पुष्प वर्षा कर रहे हैं। उनकी भी मनः कामना पूर्ण हो गई है और उनके मन प्रसन्न हैं। नगर निवासी, संबधी, रानियाँ और राजा सब बहुत प्रसन्न हैं। सबके मन श्रीराम के अनुपम रूप-रंग में रंगे हैं। शतानंद जी का आदेश पाकर सीता जी ने श्रीराम के चरणों का स्पर्श करके उन्हें माला पहना दी है जो श्री राम के कंठ में शोभा पा रही है। ऐसा प्रतीत होता है मानों हंसों की पंक्ति मान सरोवर से निकल कर तमाल के सुन्दर, विशाल वृक्ष पर जा बैठी हो। मित्रों और बंधुओं के लाभ तथा उनके उत्साहपूर्ण प्रसन्नता एवं विनोद से वातावरण में जो सुन्दरता फैली है उसका कोई अन्त नहीं है, वह बढ़ता ही जा रहा है। इसके विपरीत अहितचिन्तकों की मनोदशा भी साफ़ दिखाई पड़ रही है, वे अपना वैर भाव प्रदर्शित करते हुए लड़ाई झगड़ा करने को उद्यत हैं। सीता के दूल्हा श्री राम की उस समय की छवि तुलसी के हृदय में नित्य नूतन उल्लास जगाती रहती है।

# अयोध्या कांड

## ६. सोहैं साँवरे पथिक (पद सं. २२)

सोहैं सांवरे पथिक, पाछे ललना लोनी।
दामिनि-बरन गोरी, लखि सखि तृन तोरी,
बीती हैं बय किसोरी, जोबन होनी।।
नीके कै निकाई देखि, जनम सुफल लेखि,
हम सी भूरि-भागिनि नभ न छोनी।
तुलसी-स्वामी-स्वामिनि जोहि मोही हैं भामिनि,
सोभा-सुधापिए करि अंखियाँ दोनी।।

सांवले पथिक (श्रीराम) और उनके पीछे सलोनी स्त्री (सीताजी) वन के मार्ग पर जाते हुए शोभा पा रहे हैं। जानकी जी के बिजली के समान गौरवर्ण को देख कर रास्ते में खड़ी सखियाँ तिनके तोड़ती, अर्थात् नज़र उतारती हैं और कहती हैं कि इन्होंने किशोरावस्था तो पार कर ली है पर अभी यौवन नहीं आया है। सुंदर श्री राम की शोभा को देख कर सखियाँ अपने जन्म को सफल मान कर कहती हैं कि हम जैसी बड़ भागी तो पृथ्वी और आकाश (स्वर्ग) में कहीं नहीं हैं। तुलसीदास जी के स्वामी और स्वामिनी श्री राम और सीता जी को देख देख मुग्ध हुई ग्राम वधुएँ मानो अपने नेत्रों को छोटे छोटे दोने बना कर उन की रूप सुधा का पान कर रही हैं।

## ७. कैसे पितु मातु कैसे
## (पद सं. २६)

कैसे पितु मातु, कैसे ते प्रिय परिजन हैं?
जग-जलधि ललाम, लोने लोने गोरे स्याम,
जिन पठए हैं ऐसे बालकनि वन हैं॥
रूप के पारावार, भूप के कुमार मुनि-बेष,
देखत लोनाई लघु लागत मदन हैं।
सुखमा की मूरत सी, साथ निसि नाथ-मुखी,
नख-सिख अंग सब सोभा के सदन हैं॥
पंकज-करनि चाप, तीर तरकस कटि,
सरद सरोजहु तें सुंदर चरन हैं।
सीता राम लखन निहारि ग्रामनारि कहैं,

हेरि, हेरि, हेरि! हेली हिय के हरन हैं।।
प्रानहुँ के प्रान से, सुजीवन के जीवन से,
प्रेमहू के प्रेम, रंक कृपिन के धन हैं।
तुलसी के लोचन-चकोरनि के चंद्रमा से,
आछे मन-मोर चित-चातक के घन हैं।।

सखियाँ आपस में बात कर रही हैं—वे कैसे माता पिता और कैसे सम्बन्धी हैं जिन्होंने इस संसार सागर के सौन्दर्य रूप लावण्यमय गौर वर्ण (लक्ष्मण) और श्याम वर्ण (श्री राम) बच्चों को वन में भेज दिया है। ये रूप के भंडार, राजकुमार मुनिवेष धारण किए हैं जिनके सौन्दर्य को देख कर कामदेव भी फीका लगता है। उनके साथ सुंदरता की मूर्ति जैसी, चन्द्रमुखी स्त्री (सीता जी) है जिसके नख से शिख तक सभी अंग शोभा के निवासस्थल हैं। बालकों के करकमलों में धनुष बाण और कमर में तरकस है तथा उनके चरण शरद् ऋतु के कमल से भी अधिक सुन्दर हैं। सीता, राम और लक्ष्मण को देख देख कर ग्रामीण स्त्रियाँ कहती हैं, हे सखी देखो, देखो तो सही, ये हृदय का हरण किए ले रहे हैं। ये प्राणों के भी प्राण, जीवन के भी जीवन, प्रेम के भी प्रेम तथा ग़रीबों व कंजूसों के धन हैं। तुलसीदास के दो नेत्र रूपी चकोरों के लिए चन्द्रमा जैसे तथा मन रूपी मोर और चित्त रूपी चकोर को अच्छे लगने वाले बादल हैं।

## ८. चित्रकूट अति बिचित्र
## (पद सं. ४३)

चित्रकूट अति बिचित्र, सुंदर बन महि पवित्र,
पावनि पय सरित सकल मल- निकंदिनी।

सानुज जहँ बसत राम लोक-लोचनाभिराम,
बाम अंग बामाबर बिस्व-बंदिनी।।
चितवत मुनिगन चकोर, बैठे निज ठौर ठौर,
अच्छय अकलंक सरद चंद चंदिनी।
उदित सदा बन-अकास मुदित बदत तुलसिदास,
जय जय रघुनंदन जय जनकनंदिनी।।

चित्रकूट का सुन्दर वन अत्यंत अद्भुत है, इसकी धरती पवित्र है। यहाँ निर्मल करने वाली पवित्र मंदाकिनी नदी बहती है। यहाँ समस्त विश्व के नेत्रों को प्रसन्न करने वाले श्री राम अपने छोटे भाई तथा अपनी सुन्दर, विश्ववंदनीया पत्नी, जो उनके वाम भाग में विराजमान हैं, के साथ निवास करते हैं। मुनियों के समूह जो अपने अपने स्थान पर बैठे हैं इन्हें ऐसे देख रहे हैं जैसे कभी न घटने वाले शरच्चन्द्र और उसकी चांदनी को चकोर देखते हैं। यह चांद ऐसा है जो चित्रकूट वन के आकाश पर सदा चमकता रहता है (साधारण चांद की तरह शुक्ल और कृष्ण पक्ष में बढ़ता घटता या अमावस की रातों में लुप्त नहीं होता)। तुलसीदास जी प्रसन्न मन से जयघोष करते हैं – रघुनाथ जी की जय हो, जानकी जी की जय हो, जय हो।

# अरण्य कांड

## १. बैठे हैं राम लखन अरु सीता
## (पद सं. ३)

बैठे हैं राम लखन अरु सीता।
पंचबटी बर परनकुटी तर कहैं कछु कथा पुनीता।।
कपट-कुरंग कनकमनिमय लखि प्रिय सों कहति हँसि बाला।
पाए पालिबे जोग मंजु मृग, मारेहुँ मंजुल छाला।।
प्रिया-बचन सुनि बिहँसि प्रेमबस गवहिं चाप सर लीन्हें।
चल्यो भाजि फिरि फिरि चितवत मुनिमख-रखवारे चीन्हें।।
सोहति मधुर मनोहर मूरति हेम-हरिन के पाछे।
धावनि, नवनि, बिलोकनि, बिथकनि बसै तुलसि उर आछै।।

पंचवटी की सुंदर पर्णकुटी में श्री राम, लक्ष्मण और सीता बैठे हैं। वे कुछ पवित्र कथाएँ कह सुन रहे हैं, इतने में एक कपट-मृग को, जिस का शरीर स्वर्ण और मणियों का बना है, देख कर सीता जी हँस कर श्री राम से कहती हैं कि यह सुन्दर मृग यदि जीवित ही प्राप्त हो जाए तो पालन करने योग्य है और यदि मरा हुआ मिले तो इसका चर्म बहुत सुंदर रहेगा। अपनी प्रिया के वचन सुन कर श्री राम प्रेम वश, हँसते हुए, धनुष-बाण लेकर चल पड़ते हैं। मृग (मारीच) उन्हें अपने पीछे आते देख कर बार बार पीछे नज़र दौड़ाता है और पहचानता है कि ये तो वही हैं जिन्होंने ऋषि विश्वामित्र के यज्ञ की रक्षा की थी और मुझ पर बाण चला कर मुझे सौ योजन दूर समुद्र के पार फेंक

दिया था। फिर दौड़ चलता है। स्वर्ण-मृग का पीछा करती हुई श्री राम की यह मूर्ति अत्यंत मधुर एवं आकर्षक है। श्री राम का दौड़ना, मृग की टोह लेने के लिए झुकना, इधर उधर देखना और बीच बीच में थक कर रुक जाना— तुलसीदास जी कामना करते हैं कि ये सब मुद्राएँ अच्छी तरह उनके मन में बसती रहें।

## १०. राघौ गीध गोद करि लीन्हों (पद सं. १३)

राघौ गीध गोद करि लीन्हों।
नयन सरोज सनेह-सलिल सुचि मनहुँ अरघ-जल दीन्हों॥
सुनहु लखन! खगपतिहि मिले वन मैं पितु मरण न जान्यौ।
सहि न सक्यौ सो कठिन विधाता बड़ो पछु आजुहि भान्यौ॥
बहु बिधि राम कह्यो तनु राखन परम धीर नहिं डोल्यो।
रोकि प्रेम, अवलोकि बदन बिधु बचन मनोहर बोल्यौ॥
तुलसी प्रभु झूठे जीवन लगि समय न धोखा लैहौं।
जाको नाम मरत मुनि दुर्लभ तुमहिँ कहाँ पुन पैहौं?

राघवेन्द्र ने जटायु को अपनी गोद और हाथों में लेकर अपने नेत्र-कमलों से स्नेह पूरित अश्रुओं के साथ सिंचित करके मानो उसे जलांजलि प्रदान कर दी। वे बोले, "लक्ष्मण! जब पक्षिराज जटायु मुझे वन में मिले तो मैं अपने पिता की मृत्यु को भूल गया था। कठोर हृदय विधाता मेरे इस सुख को सह नहीं सके और आज सच्चे अर्थों में उन्होंने मेरा पितृ-परिवार (बड़े जन) मुझसे छीन लिया है। श्री राम ने गीधराज से कई प्रकार से शरीर रखने को कहा, पर वह

तो बहुत धैर्यशाली था, डोला नहीं। अपने स्नेह की अतिशयता को रोक कर, श्री राम के चन्द्रवदन को देख कर सुन्दर वचन बोला, "हे तुलसी के स्वामी! इस झूठे जीवन को बचाने के लिए मैं इस अवसर पर धोखे में नहीं आऊंगा। आज के बाद भला फिर कब मुझे आपका नैकट्य प्राप्त होगा, जो मृत्यु काल में मुनियों के लिए भी दुर्लभ है?

# सुन्दर कांड

## ११. हौं रघुबंसमनि को दूत (पद सं. ६)

हौं रघुबंस मनि को दूत।
मातु मानु प्रतीति जानकि! जानि मारुत पूत।।
मैं सुनीं बातें असैली जे कही निसिचर नीच।
क्यों न मारै गाल बैठो काल-डाढ़नि बीच।।
निदरि अरि रघुबीर-बल लै जाउँ जौ हठि आज।
डरौं आयसु-भंगतें, अरु बिगरिहै सुरकाज।।
बाँधि बारिधि, साधि रिपु दिन चारि में दोउ बीर।
मिलहिंगे कपि-भालु-दल सँग, जननि उर धरु धीर।।
चित्रकूट कथा कुसल कहि सीस नायो कीस।
सुहृद सेवक नाथ को लखि दई अचल असीस।।
भए सीतल स्रवन तन मन सुने बचन पियूष।
दास तुलसी रही नयननि दरस ही की भूख।।

हे माँ (जानकी)! मेरा विश्वास कीजिए। मैं पवनपुत्र हनुमान् रघुकुल मणि श्रीराम का दूत हूँ। उस दुष्ट राक्षस (रावण) ने आप को जो अशिष्ट बातें कही

हैं, वे मैंने सुनी हैं। इस समय वह मृत्यु की दाढ़ों के बीच बैठा है, इसीलिए गाल बजा रहा (अपनी प्रशंसा कर रहा है)। शत्रु को नीचा दिखाकर मैं आग्रहपूर्वक श्रीराम के बल के भरोसे आप को अपने साथ ले तो जाऊँ, पर डरता हूँ कि इससे कहीं मैं प्रभु की आज्ञा का उल्लंघन न कर बैठूँ और देवताओं का कार्य (श्री राम द्वारा रावण सहित असुरों का वध) बिगड़ न जाए। हे माता! आप अपने हृदय में धैर्य धारण करें। चार ही दिनों में, समुद्र को बांधकर और शत्रु को सीधा करके दोनों भाई वानर-भालुओं की सेना सहित आपको मिलेंगे। हनुमान् जी ने कौशल के साथ सीता जी को चित्रकूट का अंतरंग प्रसंग सुनाया (जिससे सीता जी को उन पर पूरा विश्वास हो गया) और उन्हें प्रणाम किया। सीता जी ने उन्हें अजर-अमर होने का आशीर्वाद दिया। जब हनुमान् जी ने सीता जी के वचनामृत सुने तो उनका तन मन शीतल हो गया पर, तुलसीदास जी कहते हैं, माँ के दर्शनों की उनकी भूख नहीं मिट सकी।

## १२. सत्य कहौं मेरो सहज सुभाउ
## (पद स. ४५)

सत्य कहौं मेरो सहज सुभाउ।
सुनहु सखा कपिपति लंकापति तुम्ह सन कौन दुराउ।।
सब बिधि हीन दीन अति जड़मति जाको कतहुँ न ठाउँ।
आयो सरन भजौं न तजौं तिहि, यह जानत रिषिराउ।।
जिन्हके हौं हित सब प्रकार चित नाहिन और उपाउ।
तिन्हहिं लागि धरि देह करौं सब, डरौं न सुजस नसाउ।।
पुनि पुनि भुजा उठाइ कहत हौं सकल सभा पतिआउ।
नहिं कोऊ प्रिय मोहिं दास सम कपट प्रीति बहि जाउ।।

सुनि रघुपति के बचन बिभीषन प्रेममगन मन चाउ।
तुलसिदास तजि आस त्रास सब ऐसे प्रभु कहँ गाउ।।

हे मित्र सुग्रीव! हे लंकापति विभीषण! आपसे भला क्या छिपाना? मैं सच सच आपको अपना सहज स्वभाव बतलाता हूँ। जो सब प्रकार दीन हीन और अत्यन्त मन्द बुद्धि हैं, जिनका कहीं कोई और ठिकाना नहीं है, वे भी यदि मेरी शरण में आ जाते हैं तो मैं उन्हें स्वीकार कर लेता हूँ, त्यागता नहीं, यह ऋषिश्रेष्ठ भी जानते हैं। जिनके हृदय में सब प्रकार से मेरा ही आश्रय है तथा जिनके पास और कोई उपाय नहीं है, मैं उन्हीं के लिए अवतार धारण करता और सब लीलाएँ करता हूँ। ऐसा करने में मेरे ईश्वरत्व का यश नष्ट भी होता है तो मुझे उसका डर नहीं है। मैं बार बार भुजा उठा कर कहता हूँ, इस सभा में उपस्थित सब लोग विश्वास करें, मुझे ऐसे दास के समान कोई प्रिय नहीं है जिसका मेरे प्रति प्रेम उसके मन के कपट को बहाकर ले जाता है। तुलसीदास जी कहते हैं कि ऐसे प्रभु श्री राम के गुण सब प्रकार की आशाएँ और भय त्याग कर गाओ।

# लंका कांड

## १३. बैठी सगुन मनावति माता
## (पद सं. १९)

बैठी सगुन मनावति माता।
कब ऐहैं मेरे बाल कुसल घर कहहु काग फुरि बाता।।
दूध भात की दोनी दैहौं सोने चोंच मढ़ैहौं।
जब सिय सहित बिलोकि नयन-भरि राम-लखन उर लैहौं।।
अवधि समीप जानि जननी जिय अति आतुर अकुलानी।

गनक बोलाइ पाँय परि पूछति प्रेम मगन मृदु बानी।।
तेहि अवसर कोउ भरत निकटतें समाचार लै आयो।
प्रभु-आगमन सुनत तुलसी मनो मीन मरत जल पायो।।

माता कौशल्या बैठी बैठी अच्छे अच्छे सगुन मना रही हैं। हे काग! सच कहो, मेरे बच्चे कब सकुशल घर लौटेंगे? जब मैं सीता सहित राम और लक्ष्मण को आँख भर कर देख लूंगी और गले लगा लूँगी तब तुझे दूध-भात की दोनी दूंगी और तेरी चोंच सोने से मढ़ा दूंगी। चौदह वर्ष की अवधि पूरी होने का समय नज़दीक जान कर माँ अत्यंत अधीर और व्याकुल हो रही है तथा ज्योतिषी को बुला कर, उसके पैर पकड़ कर प्रेम भरी मीठी वाणी से उससे प्रश्न करती हैं। उसी समय भरत जी के यहाँ से कोई समाचार लेकर आया। तुलसी दास जी कहते हैं कि राम जी के आने की बात सुनते ही माँ को मानो वैसे ही जीवनदान मिल गया जैसे मरती हुई मछली को जल प्राप्त हो जाए।

## उत्तर कांड

## १४. साँझ समय रघुबीर पुरी (पद सं. २०)

सांझ समय रघुबीर पुरी की सोभा आजु बनी।
ललित दीपमालिका बिलोकहिं हित करि अवधधनी।।
फटिक-भीत सिखरन पर राजति कंचन-दीप-अनी।
जनु अहिनाथ मिलन आयो मनि-सोभित सहसफनी।।
प्रति मंदिर कलसनि पर भ्राजहिं मनिगन दुति अपनी।

मानहुँ प्रगटि बिपुल लोहित पुर पठइ दिए अवनी।।
घर घर मंगल चार एकरस हरषित रंक गनी।
तुलसिदास कल कीरति गावहिं जो कलिमल-समनी।।

आज, संध्या के समय रघुनाथ जी की नगरी अयोध्या की शोभा, देखते ही बनती है। अयोध्यानरेश रामचंद्र प्रसन्न मन से सुंदर दीपमाला देख रहे हैं। स्फटिक की दीवारों के शिखरों पर सोने के दीपकों की पंक्तियाँ शोभायमान हैं। लगता है मानो सर्पराज शेषनाग अपने हज़ार फणों पर मणियों को धारण करके श्री राम से मिलने आए हों। प्रत्येक भवन के कलश पर मणियों के समूह अपनी अनूठी छटा बिखेर रहे हैं। ऐसा लगता है जैसे साक्षात् मंगलग्रह ने पृथ्वी पर लोहितपुर को भेज दिया हो। (ऐसी मान्यता है कि मंगलग्रह के भवन लोहितवर्ण के--अरुणाभा वाले--होते हैं)। घर घर में मंगलाचार हो रहे हैं तथा निर्धन और धनवान् समान रूप से प्रसन्न हैं। तुलसीदास जी कहते हैं कि सभी लोग कलियुग के दोषों को दूर करने वाली, राम जी की कीर्ति का गान कर रहे हैं।

❖

# ४ कवितावली

## बालकांड

### १,२ दशरथ के आंगन और तुलसी के मन में (सवैया सं ३,४)

तन की दुति स्याम सरोरुह लोचन कंज की मंजुलताई हरैं।
अति सुंदर सोहत धूरिभरे, छबि भूरि अनंग की दूरि धरैं॥
दमकैं दँतियाँ दुति दामिनि ज्यों, किलकैं कल बाल-बिनोद करैं।
अवधेस के बालक चारि सदा, तुलसी मन मंदिर में बिहरैं॥

श्यामल कमल जैसी शरीर की कान्ति, नेत्र ऐसे कि कमलों के सौन्दर्य को भी मात कर दें। धूलि में लिपटा हुआ तन ऐसी शोभा से युक्त कि अनेकों कामदेवों का सौन्दर्य (संकोचवश) दूर खड़ा देखा करे। छोटी छोटी दन्तुलियाँ बिजली की तरह दमकती हैं। अवध नरेश दशरथ के ऐसे चारों पुत्र किलकारियाँ भरते हुए तथा आकर्षक बाल लीलाएँ करते हुए, सदा तुलसी के हृदय मंदिर में विहार करते रहें।

कबहूँ ससि माँगत आरि करैं, कबहूँ प्रतिबिंब निहारि डरैं।
कबहूँ करताल बजाइकै नाचत, मातु सबै मन मोद भरैं॥

कबहूँ रिसिआइ कहैं हठिकै, पुनि लेत सोइ जेहि लागि अरैं।
अवधेस के बालक चारि सदा, तुलसी मन मंदिर में बिहरैं।।

कभी चांद मांगने की ज़िद पर उतर आते हैं। कभी अपनी छाया से ही डर जाते हैं। कभी करतालें बजा बजा कर नाचते और इस प्रकार सब माताओं के मन को आनंदित करते हैं। कभी किसी बात पर नाराज़ हो कर हठ करते हैं और जिस वस्तु के लिए हठ करते हैं उसे लेकर ही मानते हैं। अयोध्यापति दशरथ के चारों बालक सदा इसी तरह तुलसीदास के मन मंदिर में विचरते रहें।

## ३. दुलहिनि दूलह सीता राम
## (सवैया सं. १७)

दूलह श्री रघुनाथ बने, दुलही सिय सुंदरि मंदिर माहीं।
गावति गीत सबै मिलि सुंदरि, बेद जुवा जुरि बिप्र पढ़ाहीं।।
राम को रूप निहारति जानकी, कंकन के नग की परछाहीं।
यातें सबै सुधि भूलि गई, कर टेकि रही पल टारति नाहीं।।

भवन के भीतर श्रीराम जी दूल्हा बने हुए हैं और सुंदरी सीता जी दुलहिन। सभी सुंदरी स्त्रियाँ मिल कर मंगल गीत गा रही हैं और युवक ब्राह्मण इकट्ठे होकर वेद पाठ कर रहे हैं। सीता जी अपने कंगन के नग़ के बीच राम जी की छाया को निहारती निहारती सारी सुधि खो बैठी हैं। वे अपने हाथ को स्थिर किए बैठी हैं, पल भर के लिए भी उसे हिलाती डुलाती नहीं (भय यह है कि नग़ में दिखाई देता रूप हाथ हिलाने पर कहीं ओझल न हो जाए।)

## ४, परशुराम का प्रश्न
## (सवैया सं. २०)

गर्भ के अर्भक काटन को पटु धार कुठार कराल है जाको।
सोई हौं बूझत राजसभा 'धनु को दल्यो?' हौं दलिहौं बल ताको ॥
लघु आनन उत्तर देत बड़ो लरिहै मरिहै करिहै कछु साको।
गोरो गरूर गुमान भरो कहो कौसिक छोटो सो ढोटो है काको॥

जिसका कठोर कुल्हाड़ा गर्भस्थ शिशुओं को काट सकने वाली तीखी धारवाला है, वह मैं परशुराम इस राजसभा में पूछता हूँ कि इस शिवधनुष को किसने तोड़ा है ताकि मैं उसे समाप्त कर सकूँ। यह छोटे मुंह वाला बालक (लक्ष्मण) बड़ी बड़ी बातों से मुझे उत्तर दे रहा है। लगता है यह मुझसे लड़ेगा, मरेगा और कुछ भयंकर अनहोनी कर बैठेगा। हे विश्वामित्र! बताओ तो कि यह गर्व-घमंड से भरा छोटा सा गोरा बालक किसका बेटा है?

## ५, विश्वामित्र का उत्तर
## (घनाक्षरी स. २१)

मख राखिबे के काज राजा मेरे संग दए,
जीते जातुधान जो जितैया बिबुधेस के।
गौतम की तीय तारी, मेटे अघ भूरि भारी,
लोचन अतिथि भए जनक जनेस के।।
चंड बाहुदंड बल चंडीस-कोदंड खंड्यौ
ब्याही जानकी जीते नरेस देस देस के।

साँवरे गोरे सरीर, धीर महाबीर दोऊ
नाम राम लखन, कुमार कोसलेस के।।

राजा दशरथ ने यज्ञ की रक्षा के लिए इन्हें मेरे साथ भेजा था। इन्होंने ऐसे प्रतापी राक्षसों को जीता है जो इन्द्र को जीत चुके हैं। इन्होंने गौतम की पत्नी अहल्या का उद्धार किया हैं, बड़े बड़े पापों और पापियों को मिटाया है और अब राजा जनक के नेत्रों के अतिथि हो गए हैं। अपने कठोर भुजदंडों के बल से इन्होंने शंकर के धनुष को तोड़ा है, सीता से विवाह किया है और देश देशान्तरों के राजाओं को जीता है। सांवले और गोरे शरीर वाले इन दो धीर और परम पराक्रमी भाइयों का नाम राम-लक्ष्मण है और ये कोसलपति दशरथ के राजकुमार हैं।

## अयोध्याकांड

## ६,७,८, केवट का हठ, गंगा का तट (सवैया सं. ५,६,७,)

नाम अजामिल से खल कोटि अपार नदी भव बूड़त काढ़े।
जो सुमिरे गिरि मेरु सिलाकन होत अजाखुर बारिधि बाढ़े।।
तुलसी जेहि के पद पंकज ते प्रगटी तटिनी जो हरै अघ गाढ़े।
सो प्रभु स्वै सरिता तरिबे कहँ माँगत नाव करारे ह्वै ठाढ़े।।

अजामिल जैसे करोड़ों दुष्टों को जिनके नाममात्र ने अपार संसार सरिता में डूबने से बचा लिया, जिनके स्मरण से सुमेरु पर्वत शिला के कण जैसा और ज्वार में आया समुद्र बकरी के खुर जैसा हो जाता है, तुलसीदास जी कहते

हैं कि जिनके चरण कमल से गंगा नदी प्रकट हुई है जो गहरे पापों को मिटा देती है, वे ही प्रभु स्वयं नदी पार जाने के लिए किनारे पर खड़े होकर (केवट से) नाव मांग रहे हैं।

एहि घाट तें थोरिक दूर अहै कटि लौं जल थाह देखाइहौं जू।
परसे पग़धूरि तरै तरनी घरनी घर क्यों समुझाइहौं जू?
तुलसी अवलंब न और कछू लरिका केहि भाँति जिआइहौं जू?
बरु मारिए मोहिं बिना पग धोए हौं नाथ न नाव चढ़ाइहौं जू॥

(केवट कहता है—) इस घाट से थोड़ी ही दूर पर कमर तक जल है (जिसमें आप चल कर पार जा सकते हैं), आइए आपको दिखा देता हूँ। आपकी चरण धूलि के स्पर्श से यदि नाव कहीं तर गई (जैसे अहल्या तर गई थी) तो मैं अपनी पत्नी और परिवार को कैसे समझाऊंगा? हे तुलसी के स्वामी! मेरा तो और कोई सहारा ही नहीं है, मैं अपने बच्चों का भरण पोषण कैसे करूंगा? आप भले ही मुझे मार डालें, पर मैं तो आपके चरणों को धोए बिना अपनी नाव में नहीं चढ़ाऊंगा।

रावरे दोष न पाँयन को पगधूरि को भूरि प्रभाउ महा है।
पाहन ते बनबाहन काठ को कोमल है जल खाइ रहा है॥
पावन पाँय पखारिकै नाव चढ़ाइहौं आयसु होत कहा है?
तुलसी सुनि केवट के बर बैन हँसे प्रभु जानकी ओर हहा है॥

हे महाराज! दोष आपके पैरों का नहीं है, पर इन पैरों की धूलि का बड़ा प्रभाव है। (पत्थर की अहल्या इस धूलि को छू कर स्त्री बन गई थी)। वन की लकड़ी से बनी यह नौका तो पत्थर से कहीं अधिक कोमल है, उस पर इसे पानी की मार भी पड़ती रहती है। मैं तो आपके पवित्र चरणों को धोकर ही इस आपको

इस नाव में बिठाऊंगा; बताइए, क्या आज्ञा है? तुलसी कहते हैं कि केवट के सुन्दर वचन सुन कर श्री राम सीता जी की ओर देख कर खुल कर हँसे।

## ९. वन के पथ पर सीता जी
## (सवैया सं. ११)

पुर तें निकसी रघुबीर-वधू धरि धीर दये मग में डग द्वै।
झलकीं भरि भाल कनी जल की, पुट सूखि गए मधुराधर वै।।
फिरि बूझति हैं, 'चलनो अब केतिक, पर्न कुटी करिहौ कित ह्वै?'
तिय की लखि आतुरता पिय की अँखियाँ अति चारु चलीं जल च्वै।।

श्री रघुनाथ जी की प्रिया सीता जी ने नगर से निकल कर मुश्किल से, धैर्य के साथ मार्ग में दो कदम ही रक्खे थे कि उनके माथे पर पसीने की बूंदें चमकने लगीं और कोमल अधर सूख गए। फिर स्वामी से पूछने लगीं कि अभी और कहाँ तक जाना है, पर्ण कुटी कहाँ बनाएँगे? अपनी पत्नी की व्याकुलता को देख कर स्वामी की आँखों से अश्रुधारा बह चली।

# अरण्य कांड

## १०. पंचवटी में
## (सवैया सं. १)

पंचवटी वर पर्न कुटी तर बैठे हैं राम सुभाय सुहाए।
सोहै प्रिया प्रिय बंधु लसै तुलसी सब अंग घने छबिछाए।।

देखि मृगा मृगनैनी कहे प्रिय बैन ते प्रीतम के मन भाए।
हेम कुरंग के संग सरासन सायक लै रघुनायक धाए।।

स्वभाव से ही सुंदर श्री राम पंचवटी की सुंदर कुटिया में विराज रहे हैं। उनके साथ उनकी प्रिया श्री सीता जी तथा प्रिय भाई लक्ष्मण जी शोभा पा रहे हैं। तुलसी दास जी कहते हैं कि उनके सभी अंगों पर घनी सुंदरता छाई हुई है। मृगनयनी सीता जी मृग को देखकर जो मधुर वचन कहती हैं, वे प्रियतम श्री राम के मन को अच्छे लगते हैं। श्री रघुनाथ जी धनुष बाण साथ लेकर स्वर्ण मृग के पीछे दौड़ पड़ते हैं।

# सुंदर कांड

## ११. अशोक वाटिका में हनुमान्

### (कवित्त सं. १)

वासव वरुन विधि वन तें सुहावनो,
दसानन को कानन बसंत को सिंगारु सो।
समय पुराने पात परत डरत वात,
पालत, लालत रति मार को विहारु सो।।
देखे वर वापिका तड़ाग बाग को बनाव,
रागवस भो बिरागी पवनकुमार सो।
सीय की दसा बिलोकि विटप असोक तर,
तुलसी बिलोक्यो सो तिलोक सोक-सारु सो।।

इंद्र, वरुण और ब्रह्मा की वाटिकाओं से भी अधिक सुन्दर, रावण की अशोक वाटिका मानो वसंत ऋतु के शृंगार जैसी है। भय के मारे वायु समय आते ही

पुराने पत्तों को गिरा देता है और इस वन की देख रेख रति और कामदेव की क्रीड़ा स्थली की भाँति करता है। एक बार तो पवनपुत्र हनुमान् जैसा वैरागी भी उस वन की बनावट, उस की बावलियों और सरोवरों की शोभा को देख कर मोहित हो गया। फिर उसने अशोक वृक्ष के नीचे सीता जी की दशा देखी जो, तुलसी दास जी कहते हैं, तीनों लोकों के घनीभूत शोक की मूर्ति बनी बैठी थीं।

## १२. लंका दहन
## (कवित्त सं. ४)

लाइ लाइ आगि भागे बाल-जाल जहाँ तहाँ,
लघु ह्वै निबुकि गिरि मेरु तें बिसाल भो।
कौतुकी कपीस कूदि कनक कंगूरा चढ़ि
रावन भवन जाइ ठाढ़ो तेहि काल भो।।
तुलसी विराज्यो व्याम बालधी पसारि भारी,
देखे हहरात भट काल तें कराल भो।
तेज को निधान मानो कोटिक कृसानु भानु,
नख विकराल, मुख तैसो रिस लाल भो।।

बालकों के समूह 'आग लग गई' 'आग लग गई' चिल्लाते हुए इधर उधर भागने लगे। कौतुकी हनुमान् जी पहले तो लघुरूप धारण करके उछले और फिर सुमेरु पर्वत से भी विशाल रूप धारण करके, कूद कर सोने के कंगूरे पर चढ़े और तत्काल रावण के महल पर जा खड़े हुए। तुलसीदास जी कहते हैं कि हनुमान् जी ने अपनी पूँछ को पूरे आकाशमंडल में फैला दिया और वे भयभीत राक्षसों को काल से भी अधिक भयंकर दिखाई देने लगे। करोड़ों सूर्यों और अग्नि के समान तेजस्वी हनुमान जी के नाखून बड़े ही भयानक थे और क्रोध के कारण उनका मुख भी वैसा ही लाल हो रहा था।

# लंका कांड

## १३. मंदोदरी की सलाह
## (घनाक्षरी सं. २२)

कानन उजारि, अच्छ मारि, धारि धूरि कीन्हीं,
नगर प्रजार्‍यो सो विलोक्यो बल कीस को।
तुम्है बिद्यमान जातुधान-मंडली में कपि
कोपि रोप्यो पाँउ, सो प्रभाव तुलसीस को।।
कंत! सुनु मंत, कुल अंत किए अंतहानि
हातो कीजै हीय तें भरोसो भुज बीस को।
तौलौं मिलि बेगि जौलौं चाप न चढ़ायो राम,
रोषि बान काढ्यो न दलैया दससीस को।।

रावण से उसकी पत्नी मंदोदरी कहती हैः- जिस बंदर ने अशोक वन को उजाड़ कर और हमारे पुत्र अक्षयकुमार को मार कर नगर को सब ओर से जला डाला उस का बल तो तुमने देख ही लिया। तुम्हारी उपस्थिति में, पूरे राक्षस समुदाय के बीच दूसरे बंदर अंगद ने क्रोध करके अपना पैर भूमि पर जमा दिया (जिसे कोई वहाँ से उठा नहीं सका)। यह सारा प्रभाव तुलसी के स्वामी श्री राम का ही है। हे पतिदेव! मेरी राय सुनिए। अपने कुल का विनाश होने पर अंत में तो हमारा ही नुकसान है। अपनी बीस भुजाओं के अभिमान को छोड़ कर हृदय से पश्चाताप कीजिए और इस से पहले कि श्री राम अपने धनुष को चढ़ा कर और क्रोध करके अपने तरकस से आपके दसों सिरों को काटने वाले बाण को निकालें, आप जल्दी से उनसे जा मिलिए।

# १४ रावणादि राक्षसों का संहार और सीता सहित राम (घनाक्षरी सं. ५८)

मारे रन रातिचर, रावन सकुल दल,
अनुकूल देव मुनि फूल बरखतु हैं।
नाग नर किन्नर बिरंचि हरि हर हेरि,
पुलक सरीर, हिए हेतु, हरखतु हैं।।
वाम ओर जानकी कृपानिधान के विराजैं,
देखत बिषाद मिटे मोद करखतु हैं।
आयसु भो लोकनि सिधारे लोकपाल सबैं,
तुलसी निहाल कै कै दियो सरखतु है।।

रणभूमि में, रावण, उसके वंश और सभी राक्षसों के श्रीराम द्वारा संहार किए जाने से देवता और मुनि पुष्पवर्षा कर रहे हैं। नाग, नर, किन्नर, ब्रह्मा, विष्णु और शिव के शरीर पुलकित हैं और वे हृदय में अत्यंत स्नेह लिए प्रभु को देख कर निहाल हो रहे हैं। कृपासिंधु श्री राम के बाईं ओर सीता जी हैं। इस स्वरूप का दर्शन करके दुःख दूर होते और आनंद में वृद्धि होती है। श्री राम की आज्ञा पाकर सभी लोकपाल अपने लोकों को लौट गए। तुलसी दास जी कहते हैं कि उन सब को कृतकृत्य करके श्री राम ने सुरक्षा का वरदान दिया है।

# उत्तर कांड

# १५-२२ उद्बोधन

## (सवैया सं. २९, ३३,-३७,४१)

सुनु कान दिए नित नेम लिए रघुनाथहिं के गुनगाथहिं रे।
सुख मंदिर सुन्दर रूप सुधा उर आनि धरे धनु भाथहिं रे।।
रसना निसि बासर सादर सों तुलसी जपु जानकिनाथहिं रे।
करु संग सुसील सुसंतन सों, तजि कूर कुपंथ कुसाथहिं रे।।

हे तुलसी! कान लगा कर (एकाग्रता पूर्वक), नियम से रघुनाथ जी की गुण-गाथाओं को सुना कर। सुख के भवन, सौन्दर्य निधि, धनुष और तरकस धारण करने वाले श्री राम को हृदय में बसा कर उनकी रूपसुधा का पान किया कर। अपनी जिह्वा से आदर पूर्वक रात दिन जानकी जी के स्वामी का नाम जपा कर और क्रूर, कुपंथगामियों का कुसंग छोड़ कर उत्तम स्वभाव वाले संतों का संग किया कर।

भलि भारत भूमि, भले कुल जन्म, समाज सरीर भलो लहिकै।
करषा तजि कै परुषा बरषा, हिम मारुत घाम सदा सहिकै।।
जो भजै भगवान सयान सोई, तुलसी हठ चातक ज्यों गहिकै।
नतु और सबै बिष बीज बये, हर-हाटक कामदुहा नहिकै।।

तुलसीदास जी कहते हैं कि भारतवर्ष की पुण्य भूमि पर, अच्छे कुल में जन्म लेकर, अच्छे समाज में, अच्छा (मनुष्य) शरीर पाकर जो सब प्रकार के

आर्कषणों को छोड़ कर कठोर वर्षा, सर्दी, हवा, गर्मी को सदैव सहते हुए भी चातक की तरह हठ पूर्वक भगवान् का भजन करता है, वही सयाना है (चातक सभी कष्ट सहकर केवल स्वातिनक्षत्र में बरसे हुए मेघ-जल को ही ग्रहण करता है)। अन्य सभी लोग तो मानो कामधेनु को हल में जोत कर विष के बीज ही बो रहे हैं। (अर्थात् मनुष्य शरीर धारण करके विषयों में फंसे रहना वैसा ही है जैसे वांछित फल देने वाली कामधेनु को साधारण बैल की तरह जोतकर विष बीज बोना)।

सो सुकृती, सुचिमंत, सुसंत, सुजान, सुसील सिरोमनि स्वै।
सुर तीरथ तासु मनावन आवत, पावन होत है ता तन छ्वै॥
गुन-गेह, सनेह को भाजन सो, सबहीं सो उठाइ कहौं भुज द्वै।
सतिभाय सदा छल छाँड़ि सबै, तुलसी जो रहै रघुबीर को ह्वै॥

इस संसार में वही पुण्यवान्, पवित्र, श्रेष्ठ संत, समझदार और सुशीलशिरोमणि है, देवता और तीर्थ उसे ही मनाने आते हैं और उसके शरीर को छू कर पवित्र हो जाते हैं, वही गुणों का घर और स्नेह का पात्र है जो सच्चे भाव से, छल छोड़कर श्री रामचन्द्र जी का आश्रित होकर रहता है। तुलसी दास जी कहते हैं कि मैं यह बात सभी से दोनों भुजाएँ उठा कर (निश्चयपूर्वक) कह रहा हूँ।

सो जननी, सो पिता, सोइ भाइ, सो भामिनि, सो सुत सो हित मेरो।
सोइ सगो, सो सखा, सोइ सेवक, सो गुरु, सो सुर, साहिब, चेरो॥
सो तुलसी प्रिय प्रान समान, कहाँ लौं बनाइ कहौं बहुतेरो।
जो तजि देह को नेह, सनेह सों, राम को सेवक होइ सबेरो॥

वही सच्चे अर्थों में माँ है, वही पिता है, वही भाई, वही पत्नी, वही पुत्र और वही मेरा हितैषी है, ही सगा सम्बन्धी, वही मित्र, वही सेवक, वही गुरु, वही

देवता, ही स्वामी, वही नौकर; तुलसी दास जी कहते हैं कि इससे अधिक और क्या कहूँ: वही मुझे प्राणों से भी प्रिय है जो शरीर का मोह त्याग कर, स्नेह पूर्वक, अविलंब श्री राम का सेवक हो जाता है।

राम हैं मातु पिता गुरु बंधु औ संगी सखा सुत स्वामि सनेही।
राम की सौंह भरोसो है रामको, राम रँग्यो रुचि राच्यो न केही।।
जीयत राम मुए पुनि राम, सदा रघुनाथहि की गति जेही।
सोइ जियै जग में तुलसी, न तु डोलत और मुए धरि देही।।

राम ही माता, पिता, गुरु, बंधु, साथी, मित्र, पुत्र, स्वामी और स्नेही हैं। तुलसी दास जी राम जी की शपथ लेकर कहते हैं कि मुझे राम जी का ही भरोसा है। एक बार राम के रंग में रंगे जाने के बाद उनके अतिरिक्त और किसी के प्रति मन में रुचि नहीं रहती। जीवन और मरण में जिसे सदैव श्री रघुनाथ जी का ही आश्रय है, वही सच्चे अर्थों में इस संसार में जीता है, शेष सभी तो देह धारण करके चलते फिरते हुए भी मरे हुए हैं।

सिय राम सरूप अगाध अनूप बिलोचन मीनन को जलु है।
श्रुति राम कथा मुख राम को नाम, हिए पुनि रामहि को थलु है।
मति रामहिं सो, गति रामहिं सो, रति राम सो रामहि को बलु है।
सब की न कहै तुलसी के मते इतनो जग जीवन को फलु है।।

श्री सीताराम जी का सुन्दर, गंभीर स्वरूप, नेत्रों रूपी मछलियों के लिए गहरा सागर है। राम कथा का श्रवण, मुख में राम का नाम और हृदय में श्रीराम का निवास, बुद्धि से राम का चिन्तन, केवल राम जी का ही आश्रय, राम जी से प्यार और राम जी का ही बल—तुलसी दास जी कहते हैं कि वे दूसरों के संबंध में नहीं कहते पर उनके विचार में तो जीवन की सार्थकता इसी में है।

गज-बाजि-घटा भले भूरि भटा बनिता सुत भौंह तकैं सब वै।
धरनी धन धाम सरीर भलो सुरलोकहु चाहि इहै सुख स्वै॥
सब फोटक साटक है तुलसी, अपनो न कछू सपनो दिन द्वै।
जरि जाउ सो जीवन जानकिनाथ! जिये जग में तुम्हारो बिन ह्वै॥

हाथी घोड़ों का समूह, श्रेष्ठ सैनिकों का जमघट, इशारा समझने वाले स्त्री पुत्र, पृथ्वी, धन, भवन, सुन्दर शरीर और स्वर्ग जैसे सुखों की इस संसार में ही उपलब्धिः तुलसीदास जी कहते हैं कि यह सब नाशवान् हैं। अपना कुछ नहीं है, दो दिन का सपना ही है। हे जानकीरमण! इस संसार में जो आपसे विमुख होकर जीता है, उस का जीवन जल जाने योग्य है।

## २३. दैन्य
## (घनाक्षरी सं. ६१)

छार ते सँवारि कै पहारहु तेभारी कियो
गारो भयो पंच में पुनीत पच्छ पाइ कै।
हौं तो जैसो तब तैसो अब, अधमाई कै कै
पेट भरौं राम रावरोई गुन गाइकै॥
आपने निवाजे की पै कीजै लाज महाराज!
मेरी ओर हेरि कै न बैठिए रिसाइकै॥
पालिकै कृपालु व्याल-बाल को न मारिए।
औ काटिए न नाथ विषहू को रुख लाइकै॥

हे श्रीराम! आपने मुझे भस्म से उठा कर पहाड़ से भी अधिक ऊँचा बना दिया। आपका पवित्र (श्रेष्ठ) पक्ष मिल जाने से मैं पंचों के बीच (समाज में) महत्त्वपूर्ण बन गया। मैं तो जैसा अधम पहले था, वैसा ही अब भी हूँ और आपका गुण

गाकर अपना पेट भरता हूँ। हे महाराज! आप तो अपनी कृपालुता की लाज रक्खो, मेरी (करनी की) ओर देख कर नाराज़ होकर मत बैठो। हे दयामय! अपने पाले हुए बच्चे को, भले ही वह सांप का ही बच्चा क्यों न हो, मारिए मत और अपने हाथों जिस पेड़ को आपने लगाया है, वह विष का ही सही, उसे काटिए नहीं।

## २४. तुलसी....राम को गुलाम
## (सवैया सं. १०६)

धूत कहौ, अवधूत कहौ, रजपूत कहौ, जोलहा कहौ कोऊ।
काहू की बेटी सों बेटा न ब्याहब, काहू की जाति विगार न सोऊ।।
तुलसी सरनाम गुलाम है राम को जाको रुचै सो कहै कछु ओऊ।
मांगि के, खैबो मसीत को सोइबो, लैबे को एक ने दैबे को दोऊ।।

मुझे कोई धूर्त कहे या अवधूत, राजपूत कहे या जुलाहा, (मुझे फ़र्क नहीं पड़ता)। मैंने किसी की बेटी से अपने बेटे का विवाह नहीं करना जिससे किसी की जाति बिगड़ जाए। तुलसी का पता ठिकाना तो मात्र इतना है कि वह राम जी का गुलाम है, बाकी किसी को जो अच्छा लगे कहता रहे। मैं तो मांग कर खाता हूँ, मस्जिद में सो रहता हूँ; मुझे तो किसी से न एक लेना है न दो देना है।

## २५ जाय सो सुभट
## (छप्पय सं. ११६)

जाय सो सुभट समर्थ पाय रन रारि न मंडै।
जाय सो जती कहाइ बिषय बासना न छंडै।।
जाय धनिक बिनु दान जाय निर्धन बिनु धर्महिं।

जाय सो पंडित पढ़ि पुरान जो रत न सुकर्महिं।।
सुत जाय मातु-पितु-भक्ति बिनु तिय सो जाइ जो पति न हित।
सब जाय दास तुलसी कहैं जो न राम पद नेह नित।।

वह योद्धा बेकार है जो समर्थ होते हुए भी युद्ध क्षेत्र में युद्ध करके अपनी श्रेष्ठता सिद्ध नहीं करता। वह तपस्वी बेकार है जो विषय-वासना का त्याग नहीं करता। वह धनवान् जो दान नहीं करता, बेकार है और जो निर्धन धर्म का पालन नहीं करता, वह भी बेकार है। जो पंडित पुराणों को पढ़ कर सत्कर्म नहीं करता, बेकार है। जो पुत्र माता-पिता की सेवा नहीं करता और पत्नी जो पति का हित नहीं करती, दोनों बेकार हैं। तुलसीदास जी कहते हैं कि वे सब लोग बेकार हैं जो निरंतर श्रीराम के चरणों से स्नेह नही करते ।

## २६ को न क्रोध निरदह्यो
## (छप्पय सं. ११७)

को न क्रोध निरदह्यो काम बस केहि नहिं कीन्हों?
को न लोभ दृढ़ फंद बाँधि त्रासन करि दीन्हों,?
कौन हृदय नहिं लाग कठिन अति नारि-नयन सर?
लोचनजुत नहिं अंध भयो श्री पाइ कौन नर?
सुर-नाग-ल़ोक- महिमंडलहु को जु मोह कीन्हों जय न?
कह तुलसीदास सो ऊबरैं जेहि राख राम राजिवनयन।।

ऐसा कौन है जिसे क्रोध ने जलाया न हो? ऐसा कौन है जिसे काम ने अपने वश में ने किया हो? लोभ ने अपने मज़बूत फंदे में बांध कर जिसे डराया न हो, ऐसा कौन है? स्त्री के नयन-बाण जिस हृदय में नहीं लगे, ऐसा कौन है? सम्पत्ति पाकर नेत्रों के रहते हुए भी जो अंधा नहीं हुआ, ऐसा कौन है?

देव-लोक, पाताल-लोक तथा इस पृथ्वी मंडल पर ऐसा कौन है जिस पर मोह ने विजय प्राप्त नहीं की? तुलसी दास जी कहते हैं कि इन से वही बच सके हैं जिनकी रक्षा कमल नेत्र श्री रघुनाथ जी ने की हो।

———— ❖ ————

# ५. दोहावली

दोहा-१ राम बाम दिसि जानकी, लषन दाहिनी ओर।
ध्यान सकल कल्यानमय, सुरतरु तुलसी तोर।।

२ पय अहार फल खाइ जपु, रामनाम षट मास।
सकल सुमंगल सिद्धि सब, करतल तुलसीदास।।

३ रामनाम को अंक है, सब साधन है सून[१]।
अंक गए कछु हाथ नहिं, अंक रहे दस गून।।

४ कासी बिधि बस तनु तजै, हठि तन तजै प्रयाग।
तुलसी जो फल सो सुलभ, राम नाम अनुराग।।

५ रामनाम-अवलंब बिनु, परमारथ की आस।
बरषत बारिद-बूंद गहि[२], चाहत चढ़न अकास।।

६ दंपति रस-रसना दसन परिजन बदन सुगेह।
तुलसी हरहित[३] बरन सिसु, संपति सहज सनेह।।

७ जथा भूमि सब बीज मै,[४] नखत निवास अकास।
रामनाम सब धरम मै जानत तुलसी दास।।

---

[१] शून्य [२] बारिश की बूंद को पकड़ कर [३] 'रा' 'म' (शंकर के प्रिय वाले दो अक्षर) [४] मय, पूर्ण

८ लंक बिभीषन, राजकपि, पति मारुति, खग[१] मीच[२]।
लही राम सों, नामरति चाहत तुलसी नीच।।

९ रसना साँपिनि बदन बिल, जे न जपहिं हरि नाम।
तुलसी प्रेम न राम सों, ताहि बिधाता बाम।।

१० हिय फाटहु फूटहु नयन, जरउ सो तन केहि काम।
द्रवहिं स्त्रवहिं पुलकहिं नहीं, तुलसी सुमिरत राम।।

**सोरठा**

११ स्त्रवै न सलिल सनेह, तुलसी सुनि रघुवीर-जस।
ते नयना जनि देहु, राम करहु बर आँधरो।।

**दोहा**

१२ तुलसी रामहिं आपुतें, सेवक की रुचि मीठि।
सीतापति से साहिबहिं, कैसे दीजै पीठि।।

१३ ज्यों जग बैरी मीन को, आपु सहित, बिनु बारि।
त्यों तुलसी रघुबीर बिनु, गति आपनी बिचारि।।

१४ स्वारथ-परमारथ रहित, सीताराम-सनेह।
तुलसी सो फल चारि को फल हमार मत एह।।

१५ तुलसी जो पै राम सों, नाहिन सहज सनेह।
मूँड़ मुँडायो बादि[३] ही, भाँड भयो तजि गेह।।

---

[१] जटायु [२] मृत्यु (यहां सद्‌गति के अर्थ में) [३] वृथा

१६ तुलसीं रामहिँ परिहरे, निपट हानि सुनु ओझ[१]।
सुरसरिगत सोई सलिल, सुरा सरिस गंगोझ[२]।।

१७ बिंध न ईंधन पाइए, सायर[३] जुरै न नीर।
परै उपास कुबेर घर, जो विपच्छ रघुबीर।।

१८ तुलसी दुइ मँह एक ही, खेल छाँड़ि छल खेलु।
कै करु ममता राम सों, कै ममता परहेलु[४]।।

१९ जैसो तैसो रावरो, केवल कोसलपाल।
तौ तुलसी को है भलो, तिहूँ लोक तिहुँकाल।।

२० सत्य बचन मानस बिमल, कपटरहित करतूति[५]।
तुलसी रघुबर सेवकहिं, सकै न कलिजुग धूति[६]।।

२१ तुलसी ममता राम सों, समता सब संसार।
राग न रोष न दोष दुख, दास भए भवपार।।

२२ जाय कहब करतूति बिनु, जाय जोग[७] बिनु छेम[८]।
तुलसी जाय उपाय सब, बिना रामपद प्रेम।।

---

[१] ओझा (झाड़ फूँक से इलाज करने वाला) [२] गंगाजल [३] सागर, समुद्र [४] त्यागकर, परहेज़ कर [५] आचरण, व्यवहार [६] धोखा दे सकना, मूर्ख बना [७] अप्राप्त की प्राप्ति [८] प्राप्त की रक्षा

२३ तनु बिचित्र[१] कायर बचन अहि अहार मन घोर[२]।
तुलसी हरि[३] भए पच्छधर[४] ताते कह सब मोर[५]।।

२४ राम, भरत, लछिमन ललित, सत्रुसमन सुभ नाम।
सुमिरत दसरथ सुवन सब पूजहिं सब मन काम।।

२५ बारि मथे बरु होइ घृत सिकता[६] तें बरु तेल।
बिनु हरि-भजन न भव तरिय यह सिद्धांत अपेल[७]।।

२६ बिनु सतसंग न हरिकथा तेहि बिनु मोह न भाग।
मोह गए बिनु रामपद होय न दृढ़ अनुराग।।

२७ जरउ सो संपति, सदन, सुख, सुहृद, मातु पितु भाइ।
सनमुख होत जो रामपद, करइ न सहज सहाइ।।

२८ जेहि सरीर रति राम सों, सोइ आदरहिं सुजान।
रुद्र देह तजि नेह-बस, बानर भे हनुमान।।

२९ खेलत बालक ब्याल संग, मेलत पावक हाथ।
तुलसी सिसु पितु-मातु ज्यों राखत सिय रघुनाथ।।

---

[१] (इस दोहे में दो अर्थ हैं) अजीब, चित्रित [२] कठोर, कपटपूर्ण [३] श्री कृष्ण [४] पक्ष में, पंखधारण करने वाले [५] मोर नामक पक्षी, मेरा [६] रेत [७] अकाट्य, निर्विवाद

३०　तुलसी दिन भल साह कहँ, भली चोर कहँ राति।
निसि बासर ताकहँ भलो, मानै राम इताति[१]।।

३१　तुलसी जाने सुनि समुझि, कृपासिंधु रघुराज।
महँगे मनि कंचन किए, सौंधे[२] जग जल नाज[३]।।

३२　बेष बिसद, बोलनि मधुर, मन कटु करम मलीन।
तुलसी राम न पाइए, भए बिषय-जल-मीन।।

३३　बलकल भूषन फल असन, तृन सज्या[४], द्रुम प्रीति।
तिन्ह समयन लंकादई, यह रघुबर की रीति।।

३४　सभा सभासद निरखि पटु पकरि उठायो हाथ।
तुलसी कियो इगारहौं[५] बसन बेष रघुनाथ।।

३५　सिलासापमोचन[६] चरन, सुमिरहु तुलसीदास।
तजहु सोच संकट मिटिहि, पूजिहि मन की आस।।

३६　भव भुवंग तुलसी नकुल डसत ज्ञान हरि लेत।
चित्रकूट इक औषधी चितवत होइ सचेत।।

---

[१] आज्ञा [२] सस्ते [३] अनाज [४] शय्या [५] द्रौपदी की लज्जा की रक्षा करने के लिए भगवान् ने वस्त्र रूप में ग्यारहवाँ अवतार लिया था (भगवान् के दस अवतार माने जाते हैं) [६] शिला (अहल्या) को शाप से मुक्त करने वाले

३७ रामराज संतोष सुख, घर बन सकल सुपास।
तरु सुरतरु, सुरधेनु महि, अभिमत भोग बिलास।।

३८ मुए, मरत, मरिहैं सकल, घरी पहर के बीच।
लही न काहू आज लौं, गीधराज[१] की मीच।।

३९ धीर, बीर, रघुबीर-प्रिय, सुमिरि समीर कुमार।
अगम सुगम सब काज करु, करतल सिद्धि बिचार।।

सोरठा

४० जरत सकल सुरबृंद, बिषम गरल जेहि पान किय।
तेहि न भजसि मतिमंद, को कृपालु संकर सरिस।।

दोहा

४१ ज्ञान कहै अज्ञान बिनु, तम बिनु कहै प्रकास।
निरगुन कहै जो सगुन बिनु, सो गुरु तुलसीदास।।

४२ तुलसी अदभुत देवता, आसादेवी नाम।
सेए सोक समर्पई, बिमुख भए अभिराम[२]।।

४३ ताहि कि संपति सगुन सुभ, सपनेहु मन बिश्राम।
भूत द्रोहरत, मोहबस, रामबिमुख रतकाम।।

४४ एक भरोसो एक बल, एक आस बिस्वास।
एक राम-घनस्याम हित, चातक तुलसीदास।।

---

[१] जटायु [२] सब प्रकार से सुख देने वाली

४५ रटत रटत रसना लटी[१], तृषा सूखिगे अंग।
तुलसी चातक प्रेम को, नित नूतन रुचि रंग।।

४६ तुलसी चातक ही फबै, मान राखिबो, प्रेम।
वक्र बुंद लखि स्वातिहू, निदरि निबाहत नेम।।

४७ नहिँ जाचत नहिँ संग्रही, सीस नाइ नहिं लेइ।
ऐसे मानी मांगनेहिँ, को वारिद बिनु देइ।।

**सोरठा**

४८ जियत न नाई[२] नारि[३], चातक घन तजि दूसरहि।
सुरसरिहू को वारि, मरत न मागेउ अरध जल।।

**दोहा**

४९ तुलसी के मत चातकहिं, केवल प्रेम पियास।
पियत स्वातिजल जानि जग, जातक बारह मास।।

५० एक अंग सों स्नेहता, निसिदिन चातक नेह।
तुलसी जासों हित लगै, वहि अहार, वहि देह।।

५१ मकर उरग दादुर कमठ, जल जीवन, जल नेह।
तुलसी एकै मीन को है साँचिलो सनेह।।

५२ अमिय गारि[४] गारेउ[५] गरल, गारि[६] कीन्ह करतार।
प्रेम बैर की जननि जुग, जानहिं बुध न गँवार।।

---

[१] थक गई [२] झुकाई [३] गरदन [४] निचोड़ कर [५] निचोड़ा [६] गाली

५३ चरन चोंच लोचन रंगौ, चलौ मराली चाल।
छीर नीर बिबरन समय, बक उघरत तेहि काल।।

५४ नीच निचाई नहिं तजै सज्जन हू के संग।
तुलसी चंदन-बिटप बसि बिनु बिष भए न भुअंग।।

५५ सुकृत न सुकृती परिहरै, कपट न कपटी नीच।
मरत सिखावन देइ चले, गीधराज मारीच।।

५६ तुलसी जगजीवन अहित, कतहुं कोउ हित जानि।
सोषक भानु, कृसानु, महि, पवन, एक घन दानि।।

५७ उत्तम, मध्यम, नीच गति, पाहन सिकतां पानि।
प्रीति परिच्छा तिहुँन की, बैर बितिक्रम जानि।।[१]

५८ तुलसी अपनो आचरन, भलो न लागत कासु।
तेहि न बसात जो खात नित, लहसुनहू को बासु।।

५९ गुरु-संगति गुरु होइ सो, लघु संगति लघु नाम।
चार पदारथ में गनैं नरकद्वारहू काम।।[२]

---

[१] पत्थर, रेत और पानी की लकीर क्रमशः उत्तम, मध्यम और नीच कोटि की प्रीति के समान हैं। वैर का क्रम इसके विपरीत है। [२] धर्म, अर्थ और मोक्ष के साथ जुड़ा होने के कारण 'नरक का द्वार' होते हुए भी 'काम' चार पदार्थों में गिना जाता है।

६० राम कृपा तुलसी सुलभ गंग सुसंग समान।
जो जल परै जो जन मिलै कीजै आपु समान।।

६१ होइ भले के अनभलो, होइ दानि के सूम।
होइ कपूत सपूत के, ज्यों पावक में धूम।।

६२ बरखि बिस्व हरषित करत, हरत ताप अघ प्यास।
तुलसी दोष न जलद को, जो जल जरै जवास।।

६३ कै निदरहु कै आदरहु सिंहहिं स्वान सियार।
हरष बिषाद न केसरिहिं कुंजर-गंजनिहार[१]।।

६४ पर-सुख-संपति देखि सुनि जरहिं जे जड़ बिनु आगि।
तुलसी तिनके भागतें चलै भलाई भागि।।

६५ तुलसी खल-बानी मधुर, सुनि समुझिय हिय हेरि।
रामराज बाधक भई, मूढ़ मंथरा चेरि।।

६६ हँसनि मिलनि बोलनि मधुर, कटु करतब मन माँह।
छुवत जो सकुचै सुमति सो, तुलसी तिन्ह की छाँह।।

६७ हित पर बढ़ै बिरोध जब, अनहित पर अनुराग।
राम-बिमुख बिधि बाम गति, सगुन अघाय अभाग।।

---

[१] हाथियों को मारने वाला

६८ कलह न जानब छोट करि, कलह कठिन परिनाम।
लगति अगिनि लघु नीचगृह, जरत धनिक-धन-धाम।।

६९ रोष न रसना खोलिए, बरु खोलिय तरवारि।
सुनत मधुर परिनाम हित, बोलिय बचन बिचारि।।

७० राम लषन बिजयी भए बनहु[१] गरीब निवाज।
मुखर बालि रावन गए घर ही सहित समाज।।

७१ तुलसी असमय के सखा धीरज, धरम बिबेक।
साहित[२], साहस, सत्यब्रत, राम भरोसो एक।।

७२ दीरघ-रोगी, दारिदी, कटुबच, लोलुप लोग।
तुलसी प्रान समान तउ होहिं निरादर-जोग।।

७३ सोचिय गृही जो मोह पथ, करै करमपथ-त्याग।
सोचिय जती प्रपंच-रत, बिगत-बिबेक-बिराग।।

७४ लोगनि भलौ मनाव जो, भलो होन की आस।
करत गगन को गेंदुआ[३], सो सठ तुलसीदास।।

७५ सेवक कर पद नयन से, मुख सो साहिब होइ।
तुलसी प्रीति कि रीति सुनि, सुकवि सराहहिं सोइ।।

---

[१] वन में रहते हुए भी [२] सहित्य [३] तकिया

७६ साहब ते सेवक बड़ो, जो निज करम सुजान।
राम बाँधि उतरे उदधि लाँघि गये हनुमान।।

७७ मातु-पिता-गुरु स्वामि-सिख, सिर धरि करहिं सुभाय।
लहेउ लाभ तिन जनम कर, नतरु[१] जनम जग जाय।।

७८ असुभ बेष भूषन धरैं, भच्छाभच्छ[२] जे खाहिं।
ते जोगी तेइ सिद्ध नर, पूज्य ते कलिजुग माहिं।।

७९ साखी सबदी दोहरा, कहि किहनी[३] उपखान[४]।
भगति निरूपहिं भगत कलि, निंदहिं बेद पुरान।।

८० बीज-राम-गुनगन नयन जल अंकुर पुलकालि।
सुकृती सुतन सुखेत बर, बिलसत तुलसी सालि।।

८१ का भाषा का संसकृत, प्रेम चाहिए साँच।
काम जु आवै कामरी, का लै करै कुमाँच[५]।।

❖

[१] नहीं तो [२] खाने-न खाने योग्य सब प्रकार की वस्तुएँ [३-४] किस्से-कहानियाँ [५] दुशाला

## ....और अंत में विनयपत्रिका से यह आरतीः
## (पद सं. ४८)

हरति सब आरती, आरती राम की।
दहन दुख दोष, निरमूलिनी काम की।।
सुरभ सौरभ धूप दीपवर मालिका।
उड़त अघ बिहँग सुनि ताल करतालिका।।
भक्त-हृदि-भवन अज्ञान-तम-हारिनी।
बिमल बिज्ञानमय तेज बिस्तारिनी।।
मोह-मद-कोह-कलि-कंज हिमजामिनी।
मुक्ति की दूतिका, देह-दुति दामिनी।।
प्रनत - जन-कुमुद-बन-इंदु-कर-जालिका।
तुलसि अभिमान महिषेस बहु कालिका।।

श्री राम की आरती सब विपत्तियों को दूर करने वाली है। यह दुःखों व दोषों को जलाने वाली तथा कामनाओं को जड़ से उखाड़ फेंकने वाली है। यह सुगन्धित तथा सुन्दर धूप युक्त तथा श्रेष्ठ दीपकों की माला से सजी है। जब आरती के साथ ताल दे कर हाथों से तालियाँ बजती हैं तो उन्हें सुनकर पाप रूपी पक्षी उड़ जाते हैं। यह आरती भक्तों के हृदय रूपी भवन के अज्ञान रूपी अन्धकार को दूर करने वाली है। यह निर्मल, विज्ञानमय तेज को फैलाने वाली है। मोह, मद, क्रोध तथा कलियुग रूपी कमलों का नाश करने के लिए शीत रात्रि है। यह मुक्ति की दूती है और इस की देह की चमक बिजली जैसी है।

कुमुद-वन के समान शरणागत भक्तों के लिए, यह चन्द्रमा की किरणों की माला है और तुलसीदास के अभिमान रूपी महिषासुर के मर्दन के लिए यह काली के अनेक रूपों जैसी है।

---